Feld- und Hallenhockey

Im Folgenden wird der Einfachheit halber einheitlich die männliche Anrede gewählt. Natürlich werden beide Geschlechter damit angesprochen.

Rüdiger Hänel/Wolfgang Hillmann/Ursula Schmitz

Feld- und Hallenhockey

Meyer & Meyer Verlag

Die Deutsche Bibliothek – CIP-Einheitsaufnahme

Hillmann, Wolfgang:
Feld- und Hallenhockey / Wolfgang Hillmann; Rüdiger Hänel; Ursula Schmitz.
– Aachen : Meyer und Meyer, 2001
ISBN 3-89124-700-1

Olten (CH), Wien, Oxford, Québec, Lansing/Michigan,
Findon/Adelaide, Auckland, Sandton/Johannesburg, Budapest
Member of the World
Sport Publishers' Association (WSPA)
Titelfotos: Wolfgang Hillmann
Umschlaggestaltung: Birgit Engelen, Stolberg
Lektorat: Dr. Irmgard Jaeger, Aachen
Fotos Innenteil: Frank Trier, Wolfgang Hillmann
Grafiken Innenteil: Wolfgang Hillmann
Bearbeitung Grafiken: Marion Rodewald
Umschlag- und Satzbelichtung: Typeline Dagmar Schmitz, Aachen
Druck: Druckpunkt Offset GmbH, Bergheim
Printed in Germany
ISBN 3-89124-700-1
E-Mail: verlag@meyer-meyer-sports.com

Inhaltsverzeichnis

Vorwort

Mit dem Buch „Feld- und Hallenhockey" steht ein beliebtes Lehrbuch der Hockeyliteratur BUDINGER/HILLMANN: „Methodische Übungs- und Spielreihen" in einer zeitgemäßen Aufarbeitung als Hilfsmittel wieder zur Verfügung.

Unverzichtbar begleitend zu vielen Veröffentlichungen des Autorenteams mit dem Schwerpunkt der spielgemäßen Vermittlung wird hier die Hockeytechnik und die Taktik des Anfängerhockeys in Lernteilzielen und Lernschritten strukturiert.

Die Autoren verstehen das Buch nicht als geschlossenes didaktisch-methodisches Konzept, sondern wollen anregend wirken in Richtung auf einfache didaktisch-methodische Lösungen zu den alltäglichen Lernschwierigkeiten beim Erlernen des Sportspiels Hockey.

Am Beginn steht die spielnahe Erspielung (z.B. mit Kleinen Spielen) der einfachen Technikformen in der Ballführung (LTZ 1-2) und den Ballabgabe- (LTZ 3 -) und Ballannahmeformen (LTZ 8-9). Die grundlegenden Spielformen Torschussball ohne und mit Kombinationen werden in den genannten Lernteilzielen beschrieben. Im Sinne einer Verkomplizierung der grundlegenden Spielidee „Tore erzielen – Tore verhindern" werden die Techniken zur Abwehr (LTZ 10) und dem Umspielen/ Zweikampfschulung (LTZ 11-12) im komplexeren Spiel Mini-Hockey angewendet. Torwartspiel (LTZ 13) und einfache gruppentaktische Formen zum Freilaufen (LTZ 14), Kombinationen zu Zweit/Überzahlspiel (LTZ 15-16) ergänzen sich mit den regelabhängigen Standardsituationen Strafecke, Abschläge und Freischläge (LTZ 17-19) zu den Zielspielformen Kleinfeld- / Hallen- und Feldhockey.

Die für das jeweilige Spielfähigkeitsniveau notwendigen Spielregeln werden in den Technikerarbeitungsformen und den Spielformen beschrieben.

Die ausgewogen kompakte wie ausführliche Darstellung der einzelnen Bereiche zum Erarbeiten (Übungsformen) und zum Erspielen (Spielformen) der Hockeygrundlagen machen das Buch zu einem wertvollen Begleiter im Kindertraining der Vereine, dem Sportunterricht der Schulen und den Ausbildungseinrichtungen wie Universität und Studienseminaren.

1 Didaktisch-methodische Vorbemerkungen

1.1 Körperhaltung und Spielgeräte

Folgende Begriffe zur Körperhaltung und zu den Spielgeräten sind wichtig:

Spielgeräte:

Hockeyball
Hockeyschläger
Schaft
Keule
flache Seite
runde Seite
Schlägerfläche

Vorhand

Abb. 1: Hockeystock in Vorhandstellung und Hockeyball

Rückhand

Abb. 2: Hockeystock in Rückhandstellung

Körperhaltung:

Abb. 3: Bereitschaftsstellung

Abb. 4: Spielhaltung

Körperstellung:

Frontalstellung

Abb. 5: Frontalstellung

Seitstellung

Abb. 6: Seitstellung

1.2 Griffhaltung

Griffhaltungen der Hände am Hockeystock:

Vorhandgriff

Abb. 7: Vorhandgriff

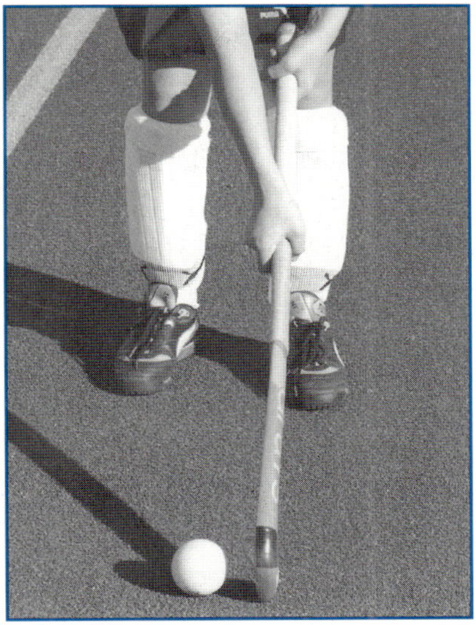

Drehgriff

Abb. 8: Drehgriff

Schlaggriff

Abb. 9: Schlaggriff

1.3 Spielgemäßes Konzept

Spiel- und Übungsreihen werden in einem „Spielgemäßen Konzept" vorgestellt. Das „Spielgemäße Konzept" bedeutet den steten Wechsel der Lerninhalte zwischen Spiel- und Übungsreihen, die sich gegenseitig bedingen und begründen.

Spielformen

Als Spielreihe empfehlen wir:
„Kleine Spiele"
Zur Einführung der Fertigkeiten wie Ballführung, Passen, Stoppen u.a. sind „Kleine Spiele" wegen ihrer Einfachheit gegenüber den Zielspielsituationen und wegen ihrer Spielnähe gegenüber den reinen Übungsformen überaus geeignet.

Beispiel: Ballführung

Einfach (weniger Spielkönnen)	Komplex (mehr Spielkönnen)
Verfolgungsrennen	Komm mit – Lauf weg
Schattenlaufen	Räume wechseln

Grundformen des Hockeyspiels

Grundformen des Hockeyspiels sind Spielarrangements, die insbesondere das Spielverhalten in den folgenden Grundsituationen erspielen sollen:

	Angriff	**Abwehr**
1. Grundsituation	Torschuss	Torschussabwehr
2. Grundsituation	Herausspielen einer Torschussgelegenheit Eindringen in die Torschusszone/in den Schusskreis	Abschirmen des Tores Abschirmen der Torschusszone/des Schusskreises
3. Grundsituation	Aufbauen eines Angriffs mit dem Ziel, die 2. und 1. Grundsituation anzuschließen	Stören des Angriffs mit dem Ziel, Ballbesitz zu erlangen und damit in die Angriffsrolle zu wechseln

Das Erspielen der Grundsituationen ist in folgenden Spielformen, die zu einer Spielreihe geordnet sind, möglich:

	... einfach	**... komplex**
Hockeytorschussball 1:1	kleines Spielfeld nur Torschuss	größeres Spielfeld außer Torschuss auch Ballführung zum Erfolg versprechenden Platzieren des Balles erforderlich Torschussabwehr erforderlich
Hockeytorschussball 3:3	ohne Kombinationsspiel	mit Kombinationsspiel
Hockeytorschussball 3:3	ohne Störer	mit Störer
Zweikampfspielreihe 1:1		
Zielspielformen		
Minihockey	mit großen Toren mit großer Torschusszone	mit kleinen Toren mit kleiner Torschusszone
Hallenhockey	mit Schusskreis und großen Toren mit 9-m-Ball mit Kastentorwart	mit Schusskreis und spielregelgroßen Toren mit Strafecke mit Torwart
Kleinfeldhockey	großen Toren Kastentorwart 9-m-Ball	spielregelgroße Tore Torwart Strafecke

Übungsformen

Übungsreihen, die ihren Ausgangspunkt an einer Form des ‚Nicht-Spielen-Könnens' nehmen, werden von leichten zu schwierigeren Aufgabenstellungen in den einzelnen Lernteilzielen in aufeinander aufbauenden Lernschritten beschrieben.

Beispiel:

Ausgangspunkt: Es gelingt kein Torschuss aus der Bewegung.

Unterrichtsinhalt: Übungsreihe zum Erlernen des geschobenen, geschlagenen, geschlenzten Torschusses aus dem Stand zum Torschuss aus der Ballführung.

Die Lernteilziele beginnen mit kurzen, grundlegenden Bemerkungen. Die detaillierte Bewegungsbeschreibung wird mit dem Ziel gegeben, eine möglichst genaue Bewegungsvorstellung zu erzeugen. Die Bewegungsbeschreibungen sind ebenso nutzbar für gezielte Bewegungsaufgaben als auch für eine Spielhandlung simulierende Bewegungsdemonstration. Für die Konstruktion von Übungsreihen im Vermittlungsweg empfehlen wir folgende Vorgehensweise:

AUSGANGSPUNKT **Erstellen und Erarbeiten der Inhalte aus ...**
- der langfristigen Unterrichts-/Trainingskonzeption.
- der Situation des Nicht-Spielen-Könnens in bestimmten Hockeyspielformen.

ÜBEN **In leicht zu bewältigenden Situationen:**
- Schiebepasstorschuss im Stand.
- Schiebepasstorschuss mit einem Schritt Anlauf.
- Schiebepasstorschuss mit mehreren Schritten Anlauf.
- Schiebepasstorschuss des rollenden Balles.
- Schiebepasstorschuss des geführten Balles.

SPIELEN **In einfachen Spielsituationen:**
- ‚Torschussball ohne Störer'.

ÜBEN **In schwieriger zu bewältigenden Situationen:**
- Schiebepasstorschuss mit unterschiedlichen Ausführungen in weniger
- und später stärker gegnerbedrängten Situationen.

SPIELEN **In schwierigeren Spielsituationen:**
- Torschussball mit Störer
- Minihockey

Die Vermittlungs-‚Experten' können durch Auslassen von Übungen und Hinzuerfinden von Formen eine großschrittigere oder kleinschrittigere Schwierigkeitssteigerung erzielen.

Das Erzielen von Spielspaß, nicht immer und unbedingt Erfolgsspaß, aller Beteiligten sollte handlungsbestimmend sein.

In diesem Sinne „Viel HockeySpielSpaß"!

1.4 Hallenhockey – Feldhockey – Kleinfeldhockey

Die Sportart Hockey wird auf drei unterschiedlichen Spielfeldern gespielt:

Hallenhockey	In der Zeit von ca. November – ca. März in den Vereinen und ganzjährig in Schulen.
Feldhockey	In der Zeit von ca. April – ca. Oktober.
Kleinfeldhockey	Anpassung des Feldhockeys an Altersphase bis ca. zehn Jahre.

Alle drei Spielarten unterscheiden sich regeltechnisch in einigen Punkten. Die in diesem Buch ausgewiesenen Inhalte beziehen sich im Wesentlichen auf die in allen drei Spielarten gleichermaßen anzuwendenden Elemente. Im Buch wird dort, wo sich insbesondere regeltechnische Unterschiede ergeben, ein ausdrücklicher Vermerk dazu erscheinen.

1.5 Methodische Lernfolge

Die in diesem Buch gewählte Anordnung der Lerninhalte orientiert sich an den einzelnen Themengebieten und weist somit nicht den chronologischen und methodischen Ablauf des Lehrens vom Anfänger zum Fortgeschrittenen auf. Folgende methodische Lehrfolge können wir empfehlen:

1. Thema Ballführung: Lernteilziel 1, Lernschritte 1–5, parallel dazu:
2. Thema Ballabgabe: Lernteilziel 3, Lernschritte 1–3, parallel dazu:
3. Thema: Ballannahme Lernteilziel 8, Lernschritte 1–2.
4. Die weitere Vorgehensweise im methodischen Ablauf hängt von den Gegebenheiten der Gruppe hinsichtlich Könnensstand (Beherrschung der Grobform) und Lernfähigkeit ab.

2 Lerninhalte

2.1 Ballführung

2.1.1 LTZ 1 Vorhandballführen

1. Lernschritt: Vorhandseitführen

Abb. 10: Vorhandseitführung

Der Schläger wird im Vorhandgriff so vor den Körper gebracht (linke Hand vor dem linken Oberschenkel), dass der Schläger eine Neigung von 45° zum Boden hat, die Schlägerfläche seitlich rechts vor dem Körper ist, senkrecht zum Boden steht und in Laufrichtung zeigt. Der Handrücken der linken Hand zeigt in Laufrichtung. Die rechte Hand greift mindestens 2-4 Handbreit unter der linken, sodass der Handrücken der rechten Hand entgegen der Laufrichtung zeigt.

Beide Handgelenke sind gestreckt. Der linke Unterarm und der Schläger bilden eine Linie. Der Ball soll sehr weit vorne an der rechten Körperseite durch weiches Antippen mit dem Schläger nach vorn geführt werden. Die rechte Schulter ist deutlich tiefer als die linke.

2. Lernschritt: Verschleppte Ballführung

Eine weitere Technik des Seitführens ist die so genannte „verschleppte Ballführung". Hierbei wird der Ball rechts neben dem Körper, auf Höhe des hinteren Fußes geführt. Die Fußspitzen zeigen in Laufrichtung und der Oberkörper ist nach rechts gedreht. Der Schläger ist nach unten geneigt und der Ball in die Schlägerkeule eingehängt.

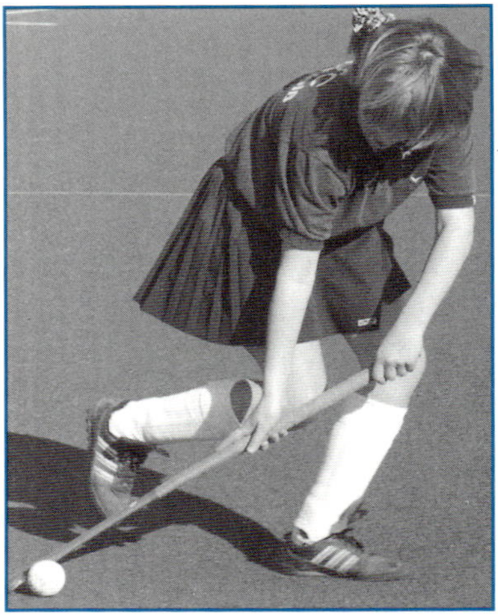

Der Vorteil dieser Ballführungsart ist das gute Abdecken des Balles gegen den Gegenspieler und es dient als Vorbereitung für weitere Techniken, wie das Abspiel nach rechts und das Umspielen. Der Nachteil besteht darin, dass das periphere Sichtfeld eingeschränkt ist.

Abb. 11: ,Verschleppte' Ballführung

3. Lernschritt: Vorhandseitführen vor dem Körper

Auf dem Kunstrasen und in der Halle gewinnt die Vorhandballführung **vor** dem Körper an Bedeutung. Die o.g. Bewegungsmerkmale bleiben bis auf die Lage des Balles vor dem Körper, die damit verbundene geänderte Armhaltung sowie die tiefere Körperhaltung, gleich. Diese Art der Ballführung erlaubt eine größere Variabilität bei den Anschlussaktionen, wie Abspiel oder Umspielen.

Halle und Kunstrasen: Der Ball wird ohne Antippen geführt; der Schläger bleibt unmittelbar am Ball.

Abb. 12: Vorhandseitführen vor dem Körper

Übung 1

Jeder Spieler hat einen Ball. Der Ball wird langsam geradeaus geführt. Nach kurzer Zeit werden die Aufgaben gestellt, so oft wie möglich den Blick vom Ball zu lösen und das Tempo zu erhöhen.

Übung 2
Zwei Partner stehen zusammen, der eine Spieler ,malt' mit Ball und Schläger Buchstaben, Zahlen, Figuren auf den Boden; der andere muss die Zeichen erkennen und nennen.

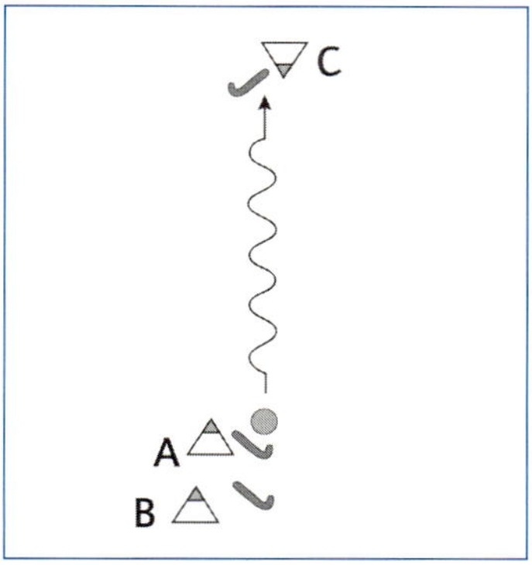

Übung 3: **Dreierlauf**
Spieler A und B stehen hintereinander. C steht ihnen im Abstand von 15-20 Schritten gegenüber. A beginnt und führt den Ball zu C, übergibt ihn an dessen Vorhandseite, danach nimmt er den Platz von C ein. C führt den Ball zu B usw.

Abb. 13: Dreierlauf

Übung 4
Aufstellung und Ablauf wie in Übung 2. A läuft mit dem Ball zu C, C zeigt mit der Hand mehrfach eine unterschiedliche Zahl von Fingern auf, die sein Partner sehen und nennen soll.

Abb. 14: Ballführung mit ,Zahlensagen'

Übung 5
Mehrere Mannschaften stehen sich mit je drei Spielern gegenüber. Durch VH-Seitführen soll jeder Spieler nacheinander auf die andere Seite wechseln. Die Mannschaft, die die Aufgabe am schnellsten geschafft hat, ist Sieger.

Fehler:
Ball zu nahe am Körper.

Ursache:
Arme zu nahe am Körper.

Korrektur:
Schlägerneigung 45°.

Fehler:
Ball läuft seitlich nach rechts und links weg.

Ursache:
Schläger steht nicht in rechtem Winkel zur Laufrichtung.

Korrektur:
Die gesamte Schlägerfläche zeigt in die Laufrichtung.

4. Lernschritt: Vorhandseitführen mit Kurvenlaufen

Aus dem Vorhandseitführen wird der Ball vor den Körper gebracht. Der linke Ellbogen ist nah am Körper und die rechte Hand wird nach vorne gedrückt, sodass die flache Seite der Keule nach links vorne zeigt. Durch mehrfaches weiches Antippen mit der Schlagfläche nach links vorne kommt die vollständige Linkskurve um die Markierung zu Stande. Nach Umlaufen der Markierung wird der Ball wieder an der rechten Körperseite weitergeführt.

Linkskurve: (Abb. 15)

Rechtskurve: (Abb. 16)

Aus dem Vorhandseitführen wird der Ball überlaufen, der linke Ellbogen nach vorne gebracht, damit der Schläger leicht nach unten geneigt (‚Dach') und die rechte Schulter gesenkt (in die Kurve legen). Unterarm und Schläger bilden eine Linie, sodass der Ball in Höhe der Fersen um die Markierung geführt wird. Nach Beendigung der Rechtskurve wird der Ball wieder im Vorhandseitführen weitergeführt.

Übung 1

Zwei Spieler stehen vor einer Markierung. A beginnt, läuft die Linkskurve und übergibt B den Ball, der ebenso übt.

Übung 2

Wie Übung 1, aber mit Rechtskurve.

Übung 3: Achterlauf

Aufstellung wie in Übung 2; aber A läuft um die Markierung eine Linkskurve und um B eine Rechtskurve. Er läuft diese Strecke mehrmals hintereinander und übergibt dann den Ball an B, der die gleiche Aufgabe hat.

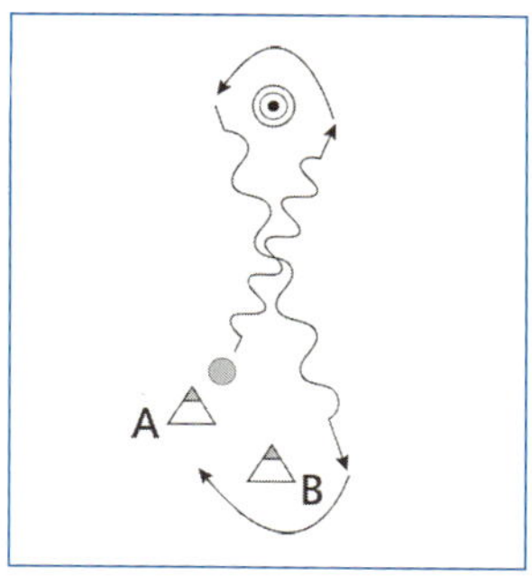

Abb. 17: Achterlauf

Übung 4

Es sollen mehrere Markierungen hintereinander, Abstände je nach Leistungsstand (Anfänger ca. 3-4 Schritte), im Slalom durchlaufen werden. Das Kurvenlaufen kann noch erschwert werden, indem die Markierungen in unregelmäßigem Abstand aufgestellt werden.

Kombinierte Übungen

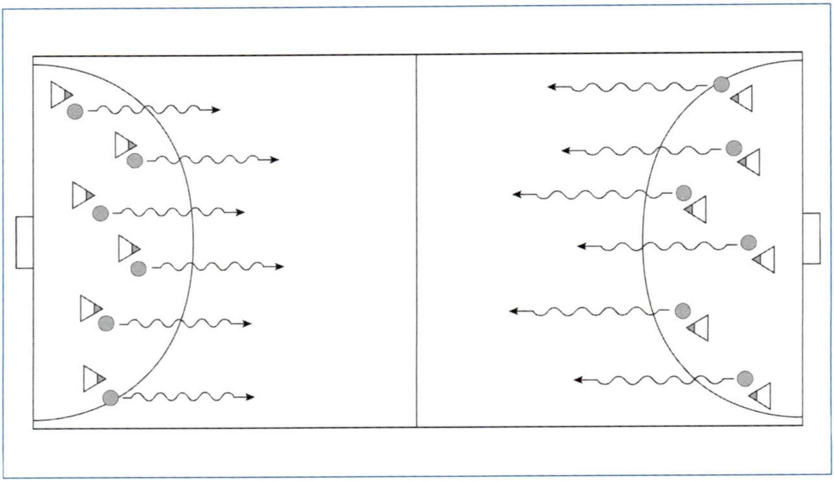

Abb. 18: Räume wechseln

a) Jeder Spieler hat einen Ball. Zwei Gruppen dribbeln durcheinander laufend in einem abgegrenzten Raum. Auf Signal des Lehrers sollen die Gruppen ihre Räume wechseln. Auf die Gefahr des Zusammenstoßens muss vorher hingewiesen werden.

b) An vier Fahnenstangen, die ein Viereck abgrenzen, steht an jeder Stange eine Gruppe. Auf Kommando soll jeder Spieler mit seinem Ball eine Runde entweder rechts- oder linksherum laufen. Welche Gruppe erreicht als Erste wieder ihre Ausgangsstellung?

5. Lernschritt: Anhalten des Balles aus dem Seitführen

Abb. 19: Anhalten des Balles

Aus dem langsamen Lauf beim Vorhandseitführen wird der Ball mit der Rückhand angehalten. Dabei ist der linke Fuß vorne.

Gleichzeitig mit dem Abstoppen wird der Schläger aus der Vorhandstellung über dem Ball nach vorne in die Rückhandstellung gedreht. Dabei geht der Drehimpuls von der linken Hand aus, während sich der Griff der rechten Hand lockert. So kann sich der Schläger in der rechten Hand drehen. Diesen Griff nennen wir „Drehgriff". Der Ball wird in Höhe der linken Fußspitze gestoppt und die Vorhand wird danach wieder hinter den Ball gebracht.

Übung 1

Die Spieler üben ohne Ball. Aus der parallelen Fußstellung setzen sie das linke Bein einen Schritt nach vorne und simulieren das Anhalten des Balles. Jeder kontrolliert seine Fußstellung, Schlägerneigung, Hand- und Stockhaltung.

Übung 2

Die vorhergehende Übung, aber mit Ball. Mit dem Schritt nach vorne wird auch der Ball geführt. Beim Aufsetzen des linken Fußes wird der Ball in der Höhe der linken Fußspitze angehalten. Danach erfolgt erneut die Kontrolle der Bewegungsausführung.

Übung 3

Aufstellung in Dreiergruppen. Zwei Spieler stehen hintereinander und der Dritte gegenüber im Abstand von 15 Schritten. A beginnt mit dem Vorhandseitführen, hält den Ball an jeder der aufgestellten Markierungen und an dem bereitgehaltenen Stock von C an. Während dieser beginnt, nimmt A seinen Platz ein.

Übung 4

Aufstellung wie in Übung 3. Die Spieler sollen beim Vorhandseitführen den Blick vom Ball lösen und auf ein Zeichen des gegenüberstehenden Partners den Ball anhalten.

Übung 5

Alle Spieler stehen in einer Reihe nebeneinander und führen den Ball geradeaus. Der Übungsleiter, der vor der Gruppe steht, gibt das Signal zum Anhalten des Balls.

Fehler:
Die rechte Hand dreht mit.

Ursache:
Die rechte Hand hält den Schläger zu fest.

Korrektur:
Übung 1 ohne Griff der rechten Hand durchführen; besonders kontrollieren, ob der linke Unterarm in Verlängerung des Schlägers ist.

Fehler:
Zu aufrechte Körperhaltung.

Ursache:
Die Kniebeuge fehlt.

Korrektur:
Die rechte Hand tiefer am Schläger fassen.

Fehler:
Der Ball wird nicht angehalten, da der Schläger nicht genügend auf die Spitze gedreht wird.

Ursache:
Die linke Hand greift nicht im Drehgriff.

Korrektur:
Griff der linken Hand (Drehgriff) beim Seitführen kontrollieren.

2.1.2 LTZ 2 Vorhand-Rückhand-Ballführen vor dem Körper

1. Lernschritt: Vorhand-Rückhand-Ballführen im Stand

Jeder Spieler hat einen Ball zwischen den leicht gegrätschten Füßen so weit vor dem Körper liegen, dass der Schläger eine Neigung von 45° hat. Die Schlägerfläche kommt von rechts an den Ball. Der Schläger wird im Drehgriff gehalten, d.h., die linke Hand greift so zu, dass der Handrücken nach vorne oben zeigt (der Spieler kann seinen Handrücken sehen). Aus dieser Stellung wird der Schläger nur mit der linken Hand über den Ball auf Rückhand gedreht und dann wieder zurück. Der Übende nimmt die rechte Hand von rechts kommend zwei bis vier Handbreiten unter der linken an den Schläger. Die Drehung erfolgt mit der linken Hand. Die rechte Hand fasst ganz locker zu und dient als Öse, in der sich der Schläger dreht. Der Abstand des Balles zu den Fußspitzen ist durch die Schlägerneigung von 45° bestimmt (Abb. 20).

Abb. 20: Vorhand-Rückhand-Ballführen

WICHTIGE HINWEISE, DIE ZU BEACHTEN SIND:

1. **Griff der linken Hand:**
   Bei Vorhandstellung des Schlägers zeigt der Handrücken nach oben.
   Bei Rückhandstellung zeigt der Handrücken nach links unten.
2. **Griff der rechten Hand:**
   Die rechte Hand soll sich bei der Drehung des Schlägers nicht verändern.
   Der Handrücken zeigt immer nach rechts.
3. **Linker Unterarm und Schläger bilden eine Linie.**

ÜBUNG 1
Die Spieler stellen sich in einer Linie nebeneinander, vor einer Markierungslinie, z.B. Mittellinie, auf. Der Ball liegt auf der Linie und wird im Stand mit VH und RH nach rechts und links gezogen.

ÜBUNG 2
Zwei Partner stehen sich gegenüber, während der eine übt, beobachtet der andere ihn. Der Übende soll den Blick vom Ball lösen und den Partner anschauen.

Fehler:
Der Ball des Übenden läuft nicht auf der Linie, sondern immer wieder zwischen die Füße.

Ursache:	**Korrektur:**
Der Spieler dreht seinen Schläger nicht vollständig in Vorhand- und Rückhandstellung.	Griff der linken Hand fehlerhaft, d.h., der Handrücken zeigt in Vorhandstellung nicht nach oben.
Die rechte Hand dreht am Schläger mit und blockiert so die vollständige Drehung in die Rückhandstellung.	Üben mit leicht geöffneter rechter Hand. Handrücken zeigt immer nach rechts.

2. Lernschritt: Vorhand-Rückhand-Ballführung im Gehen

Von der Vorhand-Rückhand-Bewegung im Stand kommt man zum Vorhand-Rückhand-Dribbling im Gehen, indem man den Schülern die Aufgabe stellt: Versuche, mit jeder Ballberührung den Ball schräg nach vorne zu spielen. Der Ball soll aber nicht über Schulterbreite nach außen laufen. Der Spieler soll den Ball weit vor dem Körper führen. Hierbei ist wieder besonders auf das linke Handgelenk zu achten. Die linke Hand darf zum Unterarm keinen Winkel aufweisen, da schnelle Drehungen nur um ein gestrecktes Handgelenk möglich sind.

ÜBUNG 1: Dreierlauf
Aufstellen in Dreiergruppen. Gegenüber von Spieler A und B im Abstand von zehn Schritten stellt sich C auf. A beginnt, übergibt C und nimmt dessen Platz ein. C zu B usw.

ÜBUNG 2
Die Gruppe der Spieler steht in freier Aufstellung, jeder mit Ball. Ein Spieler mit Ball steht vor der Gruppe und führt den Ball nach rechts, links, vorne und zurück. Die Gruppe soll alle Bewegungen spiegelbildlich nachvollziehen.

Eine gute Hilfe für alle, die Schwierigkeiten bei der Koordination der Schlägerbewegungen mit der Geh- oder Laufbewegung haben, ist das Rhythmusdribbling.

Beim Spielen des Balles mit der Vorhand nach schräg links wird der linke Fuß nach vorne gesetzt. Wird der Ball mit der Rückhand nach schräg rechts gespielt, setzt der rechte Fuß auf.

Übung 3

Die Spieler sollen einen Rhythmus aufnehmen, indem sie bei jedem Schritt eine Ballberührung ausführen; im Stand beginnen und in die Fortbewegung übergehen.

Fehler:
Der Ball wird mit der Rückhand nicht schräg nach vorne, sondern quer vor die Füße gespielt.

Ursache:
Der Schläger wird nicht ausreichend gedreht. Falscher Griff.

Korrektur:
Extremen Drehgriff anwenden.

3. Lernschritt: Vorhand-Rückhand-Ballführung im Lauf

Die Schüler finden durch das Rhythmusdribbling ohne weitere Schwierigkeiten den Übergang vom Vorhand-Rückhand-Dribbling aus dem Gehen zum Lauf.

Um das Lauftempo weiter zu erhöhen, müssen die Bewegungen ökomomischer, d.h. kleiner werden.

Übung 1

Die Übenden sollen versuchen, den Ball auf einer Linie entlang zu führen.

Wichtig ist wieder der Hinweis, den Blick so oft wie möglich vom Ball zu lösen. Je weiter der Spieler den Ball vor dem Körper führt, desto größer ist sein Blickfeld.

Übung 2

Der Spieler soll im Dribbling versuchen, die Zahl der Finger zu nennen, die sein gegenüberstehender Partner ihm zeigt.

Anwendung der verschiedenen Ballführungsarten

Übung 1

Die Spieler verteilen sich jeweils mit einem Ball auf dem Feld. Der Lehrer gibt Anweisungen, wohin die Spieler mit dem Ball laufen sollen und welche Ballführungsart sie dabei anwenden sollen, z.B. Vorhandseitführen – *Stopp* (d.h. Anhalten des Balles) – Rechtskurve – *Stopp* – Vorhand-Rückhand-Dribbling – *Stopp* – Linkskurve – usw.

Übung 2

Die Aufstellung erfolgt wie bei Übung 1, jedoch sollen nun die Spieler auf die Körpersprache des Lehrers situativ richtig reagieren, d.h., läuft der Lehrer nahe an die Spieler heran, sollen sie den Ball vorhandseitführen, ist er weiter entfernt, wird das Vorhandballführen vor dem Körper angewendet, macht er Bewegungen nach links und rechts, kommt es zum Vorhand-Rückhand-Dribbling.

Übung 3:

Zwei Spieler mit je einem Ball laufen hintereinander her, der vordere gibt die Ballführungsart und die Laufrichtung vor, der hintere Spieler macht jede Bewegung nach.

Abb. 21 Schattenlauf

Vorteile der verschiedenen Ballführungsarten

- Das Vorhandseitführen ermöglicht die schnellste Ballführung und soll deshalb immer angewandt werden, wenn der freie Raum überwunden werden soll.
- Das Vorhandführen vor dem Körper ist ebenfalls schnell und ermöglicht am besten die Anschlusshandlungen wie Abspiel oder Umspielen.
- Die Vorhand-Rückhand-Ballführung ist langsamer, bietet dafür aber den Vorteil, dass der Ball bei engem Dribbling ohne Veränderung der Körper- oder Schlägerhaltung in jede Richtung abgespielt werden kann. Außerdem ist die Stellung vor dem Körper Ausgangspunkt für alle Umspielungsvarianten, die im

Lernteilziel 6 beschrieben werden, wobei der Spieler hierbei zwischen engem und weitem Dribbling variieren kann.

- Läuft ein ballführender Spieler auf einen Abwehrspieler zu, muss er also frühzeitig vom Seitführen des Balles zur Ballführung vor dem Körper übergehen, um die eben beschriebenen Vorteile ausnutzen zu können.

2.2 Ballabgabe

2.2.1 LTZ 3 Schiebepass

Bei der methodischen Einführung des Schiebepasses gibt es mehrere Wege: Zum einen kann man mit dem frontalen Schiebepass in Verbindung mit dem frontalen Stoppen oder mit dem seitlichen Schiebepass in Verbindung mit dem seitlichen Stoppen beginnen. Beides bringt den Vorteil, dass der Anfänger seine Körperposition nicht verändern muss. Eine weitere Möglichkeit ist der Beginn direkt mit den beiden sichersten und am häufigsten angewandten Techniken, dem seitlichen Schiebepass (‚Grundpass') und dem frontalen Stoppen (‚Grundstoppart'). Hierbei muss nach dem Stoppen der Wechsel von der frontalen zur seitlichen Körperstellung und wieder zurück in die frontale Grundstellung erfolgen.

1. Lernschritt: Frontaler Schiebepass in Verbindung mit frontalem Annehmen des Balles

Die Füße stehen etwa schulterbreit auseinander. Die Fußspitzen zeigen nach vorne in Passrichtung. Hüft- und Kniegelenke sind leicht gebeugt. Der Oberkörper ist so weit aufgerichtet, dass der Spieler ein möglichst großes Blickfeld hat. Der Ball liegt mitten zwischen den Füßen in Höhe der Fußspitzen. Der linke Unterarm bildet mit dem Schläger eine Linie, die linke Hand ist vor dem linken Oberschenkel, die Schlägerneigung beträgt etwa 45°. Die flache Seite der Keule ist direkt hinter dem Ball. Der Schläger ist etwas nach vorne geneigt, damit der Ball beim Schieben nicht ansteigt und beim Annehmen nicht über den Schläger springt. Durch den Druck der rechten Hand wird der Ball, ohne Ausholbewegung und Geräusch, geradeaus nach vorn gespielt (Abb. 22/23).

Beim frontalen Annehmen des Balles (Abb. 23) ist die Körper- und Schlägerstellung wie beim Schieben. Die Hände müssen dem Druck des ankommenden Balles nachgeben. Der Ball soll mit den Augen vom Partner abgeholt werden, durch weiches Nachgeben der Hände mit dem Schläger gebremst und in Höhe der Fußspitzen gestoppt werden. Durch das „Nachvorneneigen des Schlägers, ausgelöst durch das Vorbringen des linken Arms, wird ein ‚Dach' über dem Ball gebildet, sodass er nicht hoch oder über den Schläger springen kann. Die Endstellung des Stoppens entspricht der Ausgangsstellung des frontalen Schiebens, sodass keine Veränderung der Fußstellung nötig ist. Läuft der Ball nicht genau in die Körpermitte, wird durch Verlagern des Körpergewichts auf das entsprechende Bein der Schläger in die richtige Stoppstellung gebracht.

Abb. 22: Frontaler Schiebepass

Abb. 23: Frontales Annehmen

Das Schieben und Stoppen bildet im Anfängerunterricht einen Komplex, sodass auch die Übungen beide Fertigkeiten fördern.

Übung 1
Partnerweise frontales Schieben und Annehmen des Balles. Abstand ca. 3-4 Schritte.

Übung 2
Ablauf wie in Übung 1. Der Ball wird durch frontales Schieben aus einem Angehschritt gespielt, wobei mal der rechte und mal der linke Fuß vorne ist.

Übung 3
Ablauf wie in Übung 1. Der Ball wird ohne zu stoppen direkt zurückgespielt.

Übung 4
Drei Spieler stehen in Dreiecksaufstellung. Abstand ca. 3-4 Schritte. Der Ball wandert nach links- oder rechtsherum.

Übung 5

Drei Spieler bilden ein Dreieck. Abstand ca. 3-4 Schritte. A und B haben einen Ball und spielen abwechselnd auf C, der den Ball wieder zu ihnen zurückspielt. Die Fußstellung wird nicht verändert.

Fehler:
Der Ball geht hoch.

Ursache:
Der Schläger ist schräg nach oben geöffnet und geht unter den Ball

Korrektur:
Der Ball muss auf Höhe der Körpermitte liegen und die Fläche steht senkrecht zum Boden.

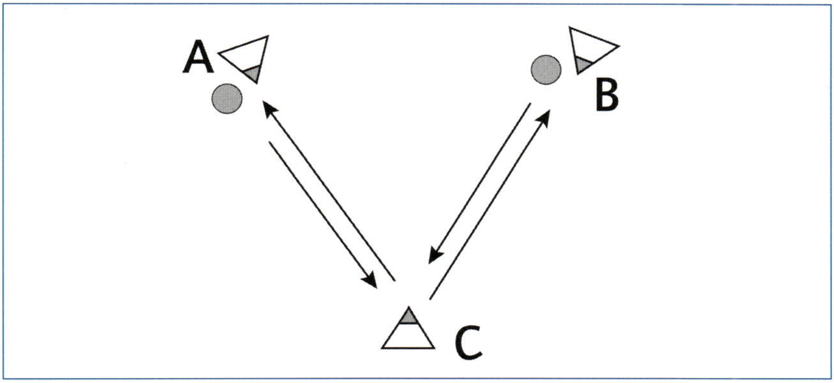

Abb. 24: Schiebepass

Den Spielern wird schnell klar, dass es sich beim frontalen Schieben um eine Zuspielart über kurze Entfernungen handelt. Damit auch größere Entfernungen überbrückt werden können, erfolgt der Übergang in die Seitstellung zum Ball mit der Möglichkeit der Gewichtsverlagerung vom hinteren auf das vordere Bein.

2. Lernschritt: Schiebepass aus der Seitstellung

Der Spieler steht so zum Ball, dass die linke Schulter in Passrichtung zeigt. Die Füße sind etwa schulterbreit auseinander, die Knie leicht gebeugt. Der Griff der Hände bleibt unverändert. Der Ball liegt zwischen den Füßen so weit vom Körper entfernt, dass der Schläger wieder eine 45°-Neigung hat und die flache Seite der Keule direkt hinter dem Ball und senkrecht zum Boden steht. Bei der Ausholbewegung verlagert

Abb. 25: *Schiebepass aus der Seitstellung*

sich das Gewicht kurz auf das hintere Bein. Mit dem Nachvornebringen des Gewichts erfolgt ein explosives Vorschnellen der rechten Hand in die Passrichtung. Der Ball verlässt am linken Fuß den Schläger. Der Schläger folgt dem Ball in Passrichtung und wird in Hüfthöhe abgebremst. Die Keulenspitze zeigt nach oben (Abb. 25).

Zu Beginn sollte der Grundsatz gelten: Genauigkeit und gute Ausführung der Technik gehen vor Härte des Passes.

Übung 1

Schieben gegen eine Mauer, Bande oder ähnliches Hindernis. Abstand 5-6 Schritte.

Übung 2

Partnerweise in Gegenüberstellung. A spielt temperierte Schiebepässe zu B, der den Ball frontal stoppt, sich dann seitlich stellt und den Ball wieder zu A zurückpasst. A erwartet den Ball wieder in der Frontalstellung. Beim Schieben soll kein Geräusch zu hören sein, Abstand ca. zehn Schritte.

Übung 3:

Aufstellung wie bei Übung 2. In der Mitte zwischen A und B wird ein kleines Tor markiert. Aufgabenstellung: Wer schießt die meisten Tore?

Abb. 26: Torschussball

ÜBUNG 4:
Aufstellung wie bei Übung 2. Wer schafft in 30 Sekunden die meisten Pässe?

3. Lernschritt: Schiebepass des rollenden Balles

Der Spieler muss sich auch beim Schieben des rollenden Balles in die günstige Seitposition bringen.

ÜBUNG:
Der Ball wird leicht vorgelegt. Aus dem frontalen Lauf wird durch einen Übersetzschritt der Körper in die Seitstellung gebracht. Nach dem ersten Schritt mit links wird der rechte Fuß so aufgesetzt, dass die Fußspitze im rechten Winkel zur Laufrichtung zeigt. Beim nachfolgenden seitlichen Aufsetzen des linken Fußes erfolgt das Schieben des Balles nach vorn, wie schon beim 2. Lernschritt beschrieben.

4. Lernschritt: Schiebepass aus dem Lauf mit linkem Fuß vorne

Wichtig ist wieder das Umsetzen aus dem frontalen Lauf in die seitliche Stellung. Der Übersetzschritt wird so ausgeführt, dass die linke Schulter in Richtung des Passes zeigt und der linke Fuß vorne ist.

Abb. 27: Schieben mit linkem Fuß vorne

Übung 1
Der Ball liegt 5-6 Schritte vor den Übenden. Die Spieler sollen erst aus dem langsamen, später aus dem schnellen Heranlaufen den Ball zum Partner schieben.

Übung 2
Der Übende legt sich selbst den Ball 5-6 Schritte vor, läuft mit schnellen Schritten nach und schiebt den Ball zum Partner.

Übung 3
Der Ball soll aus dem Vorhandseitführen zum Partner geschoben werden.

5. Lernschritt: Schiebepass aus dem Lauf mit rechtem Fuß vorne

Das Schieben auf dem rechten Fuß findet Anwendung z.B. in Bedrängnis und beim Torschuss, wenn dem Spieler die Zeit zum längeren Umsetzen fehlt. Das Schieben auf dem rechten Fuß erfolgt aus der Frontalstellung. Durch den Ausfallschritt des rechten Beins und das Nachvornebeugen des Oberkörpers kommen auch die Arme so weit nach vorne, dass der Körper bei der Schiebebewegung nicht mehr im Weg ist. Der Ball verlässt vor dem rechten Fuß die Keule.

Abb. 28: Schieben mit rechtem Bein vorn

Übung 1
Aus der parallelen Fußstellung Ausfallschritt des rechten Beins nach vorne mit dem Ball am Schläger und Schieben des Balls zum Partner beim Aufsetzen des rechten Fußes.

Übung 2
Der Ball liegt 5-6 Schritte vor dem Übenden. Aus dem Angehen, später Anlaufen, erfolgt der Ausfallschritt und das Schieben des Balls zum Partner mit dem rechten Fuß vorne.

Übung 3
Die Übenden legen sich den Ball selbst vor, laufen nach und schieben den Ball zum Partner.

Übung 4
Aus der Ballführung wird der Ball dem Partner zugeschoben.

6. Lernschritt: Rückhandschiebepässe

Der Spieler stellt sich seitlich zum Ball, sodass die rechte Schulter in Richtung des Passes zeigt. Der Ball liegt zwischen den Füßen und so weit vom Körper entfernt,

Abb. 29: Rückhandschiebepass

dass die Schlägerneigung 45° beträgt. Der Schläger befindet sich in Rückhandstellung direkt hinter dem Ball, wobei die linke Hand am Schläger von links und die rechte von rechts zugreift. Der Hauptimpuls des Schiebepasses kommt aus einem kräftigen Ziehen des rechten Arms nach rechts. Beim Anhalten des Balls mit der Rückhand ist darauf zu achten, dass der Ball erst am hinteren, also dem linken Fuß angenommen wird, da er sonst hochspringt.

Übung 1
Ein Spieler spielt einen Rückhandpass. Sein Partner, der ihm im Abstand von 3-4 Schritten gegenübersteht, nimmt den Ball in der Frontalstellung an und spielt den Ball mit einem Rückhandschiebepass zum Partner zurück.

Übung 2
A und B stehen sich im Abstand von zehn Schritten frontal gegenüber. In der Mitte zwischen ihnen steht C seitlich zu den beiden, der den von A gespielten Ball mit der Vorhand annimmt und den Ball mit einem Rückhandschiebepass zu B passt.

Übung 3
Zwei Spieler stehen sich im Abstand von 3-4 Schritten gegenüber. Die rechte Schulter zeigt zum Partner und es werden nur Rückhandpässe gespielt.

2.2.2 LTZ 4 Schlagen

Der Schlag ist ein technisches Element, das nur im Kleinfeld- und Feldhockey angewandt werden darf. Man kann durch einen hart geschlagenen Ball große Entfernungen zum Mitspieler schnell überbrücken. Anwendung findet der Schlag als

Zuspiel, Torschuss, bei Freischlägen und Abschlägen. In der Lernphase sollte die größere Sorgfalt auf die Schlaggenauigkeit als auf die Schlaghärte gelegt werden.

1. Lernschritt: Vorhandschlag im Stand

Abb. 30: Vorhandschlag im Stand

Die erste Aufgabe ist das Schlagen des ruhenden Balles im Stand (Abb. 30). Die linke Schulter zeigt in Passrichtung. Die Füße stehen im rechten Winkel dazu. Der Ball liegt zwischen Körpermitte und linkem Fuß. Der Abstand von den Fußspitzen ist durch die 45°-Neigung des Schlägers gegeben. Der Schläger steht mit seiner flachen Seite hinter dem Ball. Die linke Hand greift von links, die rechte Hand von rechts kommend direkt unter die linke Hand an das Schlägerende. Wir sprechen hier vom *Schlaggriff*. Die gebeugten Arme sind so weit vom Oberkörper entfernt, dass sie volle Bewegungsfreiheit haben. Bei der Ausholbewegung wird der Schläger wie folgt nach hinten geführt: Die Keulenspitze zeigt nach oben, d.h., die flache Seite der Keule steht senkrecht zum Boden; die Keule soll nur bis Schulterhöhe gehoben werden und ist somit höher als die Handgelenke. Der rechte Arm und das rechte Handgelenk sind stärker gebeugt als der linke Arm und das Handgelenk; bei der Abwärtsbewegung wird der Schläger beschleunigt und die Handgelenke aktiv gestreckt und fest gegriffen. Nach dem Treffen des Balls wird der Schläger (Anfänger: in Hüfthöhe; Fortgeschrittener: in Schulterhöhe) aktiv abgebremst. Die Keulenspitze zeigt dabei nach oben und der Schläger damit in Zielrichtung. Die Bewegung der Arme wird durch eine Gewichtsverlagerung des Körpers unterstützt, was die Schlaghärte erhöht. Bei der Ausholbewegung ist das Gewicht auf dem hinteren rechten Bein, beim Durchschwung und Treffen des Balls kommt es zu einer Stemmphase mit Gewichtsverlagerung auf das vordere linke Bein.

Abb. 31: Kunstrasenschlagen

Auf dem *Kunstrasen* hat sich zusätzlich eine weitere Technik des Schlagens entwickelt, um den flachen Ballverlauf bei einem Zuspiel zu gewährleisten, die folgende Bewegungsmerkmale aufweist:

Die Körperstellung ist tiefer und die Beine sind weiter gegrätscht als beim vorher beschriebenen Schlag. Die Ausholphase mit dem Schläger erfolgt flacher über den Boden nach hinten (nicht nach hinten oben), wobei der Schläger nur bis ca. Hüfthöhe geschwungen wird. Die Durchschwung- und Ausschwungphase erfolgt ebenfalls flach über den Boden; der Körper folgt der Bewegung nach vorne nach. Diese Technik besitzt den Vorteil, dass dem Ball eine sichere Führung gegeben wird und er dadurch flach gehalten werden kann.

Übung 1

Zwei Partner stehen sich in ca. 10 m Abstand gegenüber und schlagen sich möglichst genau die Bälle zu. Die richtige Aushol- und Ausschwungbewegung kann jeder selbst kontrollieren, indem er nach dem Ausholen bzw. nach dem Schlag eine kurze Pause macht und die Schlägerstellung kontrolliert.

Übung 2
Aufstellung wie 1, jedoch steht zwischen den Partnern ein zwei Schlägerlängen großes Törchen. Die Anzahl der Tore wird gezählt.

Übung 3
Aufstellung wie 1, jedoch steht jeder Spieler in einem drei Schlägerlängen großen Tor. Es gilt nun, sein eigenes Tor zu verteidigen und beim Partner Tore zu erzielen.

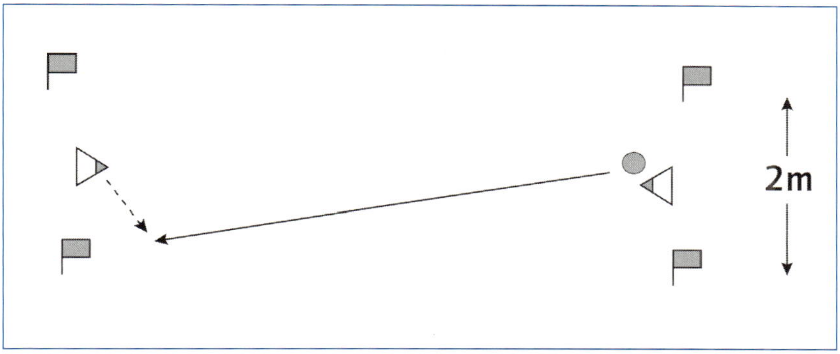

Abb. 32: Torschussball 1:1

Übung 4
Zwei jeweils sechs Schlägerlängen große Tore werden von je zwei Spielern verteidigt, es sollen Tore erzielt bzw. verhindert werden.

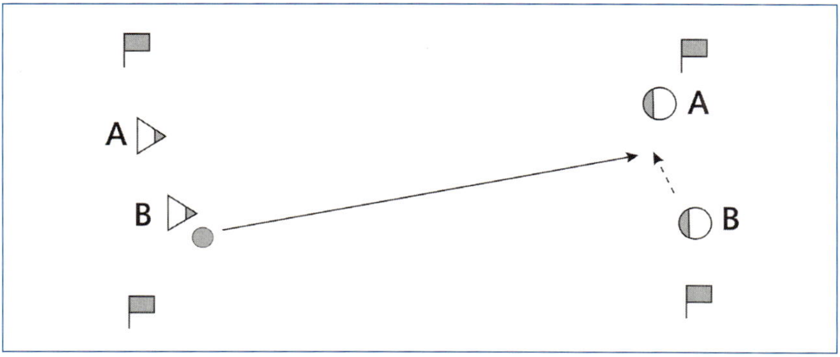

Abb. 33: Torschussball 2:2

Fehler:
Der Ball steigt beim Schlagen hoch.

Ursache:
a) Ball liegt zu weit vor dem linken Fuß.
b) Ball liegt zu weit am rechten Fuß, Ball wird gepresst.

Korrektur:
Ball in die Körpermitte legen. Ball zwischen linken Fuß und Körpermitte legen.

Fehler:
Ball wird gar nicht oder nur unvollständig getroffen.

Ursache:
Abstand zwischen Schläger, Ball und Füßen stimmt nicht.

Korrektur:
Position von Füßen und Ball markieren oder Linien auf dem Platz nutzen.

Fehler:
Ball wird nach links oder rechts verzogen.

Ursache:
a) Schlägerspitze zeigt nach dem Schlag nicht nach oben.
b) Zu große Rotationsbewegung des Körpers.

Korrektur:
Nach dem Schlag über Keulenspitze zum Partner sehen; Stemmschritt linker Fuß; Standort der Füße während des Schlags nicht verändern.

2. Lernschritt: Vorhandschlag des ruhendes Balls aus der Bewegung

Der nächste methodische Schritt zum Erlernen des Schlagens aus dem vollen Lauf ist das Schlagen des ruhenden Balls aus dem Angehen oder Anlaufen. Die größten Probleme hat der Anfänger beim genauen Treffen des Balls, was aus der Bewegung erschwert wird.

Die Fehlerquelle liegt meist im falschen Abstand zwischen Ball, Schläger und Füßen.

a) Schlagen des ruhenden Balls mit einem Angehschritt
Der Spieler steht in Seitposition, seine linke Schulter neigt in Passrichtung und der Ball liegt links vor dem Körper. Durch einen Seitschritt mit dem linken Bein nach links bringt sich der Spieler in die o.g. Ausgangsstellung zum Schlag.

b) Schlagen des ruhenden Balls mit drei Angehschritten
Der Spieler steht frontal zur Passrichtung, der Ball liegt ca. 2 m vor ihm. Mit drei Angehschritten (links-rechts-links) nähert er sich dem Ball, wobei er sich auf dem letzten Schritt mit dem linken Bein in die seitliche Ausgangsstellung bringt.

c) Schlagen mit freiem Anlauf

Der Spieler steht frontal zur Passrichtung, der Ball liegt mehrere Meter vor ihm. Er läuft auf den Ball zu, dreht sich in die Seitposition und schlägt den Ball. Dies wird zuerst im langsamen und später im immer schnelleren Tempo geübt.

3. Lernschritt: Vorhandschlag des rollenden Balls

Das Schlagen des rollenden Balls ist eine weitere wichtige Vorstufe des Schlagens aus dem Lauf. Auch hierbei sollte der Spieler immer versuchen, – wenn er nicht in Bedrängnis ist – sich in Seitstellung zum Ball zu bringen. Weiterhin wird es immer wichtiger, dass die Gewichtsverlagerung vorgenommen wird.

Übung 1

Der Spieler steht in Seitstellung zur Passrichtung. Der Ball liegt rechts neben der rechten Fußspitze. Der Ball wird leicht in Schlagrichtung angetippt. Der Spieler holt aus und trifft den Ball etwa vor der linken Fußspitze.

Übung 2

Der Spieler legt sich den Ball so weit vor, dass er nach der Schrittfolge links-rechts-links schlagen kann.

Übung 3:

Der Spieler legt sich den Ball weit vor und kommt aus voller Laufgeschwindigkeit zum Schlagen an den Ball.

Die Spieler sollen lernen, ihre linke Schulter aus dem normalen Lauf in die Schlagrichtung zu bringen und mit den ersten beiden Schritten links-rechts die Ausholbewegung zu beginnen und auf dem letzten Schritt links über den linken Fuß zu stemmen und die Schlagbewegung auszuführen.

4. Lernschritt: Vorhandschlag aus dem Lauf

a) Der Schlag in Laufrichtung

Jeder Spieler muss den Schlag aus dem vollen Lauf beherrschen, sowohl unter Bedrängnis in der Abwehr als auch im gegnerischen Schusskreis beim Torschuss. Der Zeitfaktor ist bei diesen Aktionen bestimmend. Hat der Spieler genügend Zeit, bringt er seine linke Schulter in Schlagrichtung durch den beim Schlagen beschriebenen Dreischrittrhythmus. Ist der Spieler in Zeitnot, muss er auch schlagen können, wenn der rechte Fuß vorne ist. Ist der rechte Fuß vorne, kann der Spieler zwar nicht so weit ausholen und damit nicht so hart schlagen, aber dieser Umstand wird durch die schnellere Schlagausführung und die hohe Anlaufgeschwindigkeit wieder ausgeglichen.

Wichtig ist, dass der Spieler so lange, bis er die Schlagposition eingenommen hat, die Vorhand hinter dem Ball lässt, um ihn zu kontrollieren und vor dem Gegner zu schützen.

Abb. 34: Vorhandschlag aus dem Lauf

Übung 1

Aufstellung an der Viertellinie. Jeder legt sich den Ball selbst vor, läuft nach und schlägt den Ball vom Schusskreisrand aufs Tor.

a) Der linke Fuß ist beim Schlag vorne.

b) Der rechte Fuß ist beim Schlag vorne.

Übung 2

Start von der Viertellinie mit Vorhandseitführen. Am Schusskreisrand soll sofort geschlagen werden

a) mit dem linken Fuß vorn.

b) mit dem rechten Fuß vorn.

Übung 3

Aufstellung wie bei 2, jedoch, um spielnah zu üben, startet ein Verteidiger drei Schritte hinter dem Ballführenden, und versucht, den Stürmer am Torschuss zu hindern oder nur zum schnellen Handeln zu zwingen.

Übung 4

Abb. 35: Vorhandschlag aus dem Lauf gegen Gegnerstörung

Ein neutraler Zuspieler steht 2-3 Schritte hinter zwei Spielern, die von der Viertellinie starten. Der Zuspieler spielt den Ball zwischen beiden hindurch. Die Spieler starten in dem Moment, in dem sie den Ball sehen. Jeder soll versuchen, als Erster am Ball zu sein und aus vollem Lauf ein Tor zu erzielen. Der Nichtballbesitzer setzt dann den Ballbesitzer unter Zeitdruck, stört aber nur auf Reichweitenentfernung, um ein Verletzungsrisiko auszuschließen.

Übung 5

Ca. 1 m innerhalb des Schusskreises wird eine zweite, dünne Kreislinie gezogen (Kunstrasen: Klebeband; Naturrasen: Kreide). Die Spieler führen den Ball in den Schusskreis und müssen zwischen den beiden Linien schießen. Wer die zweite Linie mit Ball überlaufen hat, darf keinen Torschuss abgeben.

b) Der Schlag quer zur Laufrichtung

Nach links

Beim Schlagen aus dem Lauf nach links muss der Ball in der Körpermitte geführt werden. Der linke Fuß ist im Moment des Schlagens vorne und der Ball soll vor dem linken Fuß getroffen werden. Die Ausholbewegung erfolgt in Verlängerung der Passrichtung. Ist der rechte Fuß im Moment des Schlags vorne, wird der Ball vor dem rechten Fuß getroffen.

Abb. 36: Schlag nach rechts

Nach rechts

Der Schlag aus dem vollen Lauf nach rechts ohne Anhalten des Balls ist sehr schwierig. Der Ball wird überlaufen und die Fußspitzen bleiben in Laufrichtung. Der Oberkörper dreht sich nach rechts und neigt sich nach hinten, sodass eine Bogenspannung entsteht. Nach der Ausholbewegung nach hinten wird der Ball hinter dem rechten Fuß getroffen.

Wichtiger Hinweis

Der Schläger muss in Passrichtung ausschwingen. Diese Schlagtechnik findet auf Grund ihres komplizierten Bewegungsablaufs nur wenig Anwendung und wird eher als Schiebeschlag angewandt. Die einfachste Art, den Ball aus dem Lauf nach rechts zu schlagen, ist das Überlaufen des Balls oder das Zurückziehen des Balls mit der Rückhand. Nachdem der Spieler den Ball überlaufen oder zurückgezogen hat, bringt er die linke Schulter in Schlagrichtung und schlägt aus der üblichen Seitstellung.

Diese Art des Schlagens nach rechts dauert länger, ermöglicht aber eine genauere und härtere Ballabgabe.

Übung
Im Abstand von 10-12 Schritten werden zwei Minitore auf einer Linie aufgestellt oder durch Markierungen zwei Tore geschaffen. 5-10 Schritte dahinter steht jeweils ein Spieler. A startet, schlägt den Ball durch das Tor zu B und läuft auf seine Position zurück. B nimmt den Ball an und verfährt ebenso. Zuerst soll der Schlag nach links, später nach rechts geübt werden. Die Spielerzahl kann auf 4-6 Spieler erhöht werden.

2.2.3 LTZ 5 Misch- und Sonderformen der Ballabgabe

Neben dem Schieben und dem Schlagen als Zuspielarten gibt es noch weitere Arten, die durch Vermischung von Griffarten und Ausholbewegungen eigenständige Zuspielarten bilden. Die taktische Notwendigkeit hierzu hat sich für Fortgeschrittene und Könner aus dem taktischen Vorteil des Zeitgewinns und der Täuschverbesserung herausgebildet.

1. Lernschritt: Schiebeschlag

Schiebeschlag
Im Spiel fehlt den Spielern häufig die Zeit, zum Schlag auszuholen, sowohl in der Zweikampfbedrängnis als auch bei Gegnerstörung vor dem Torschuss. In diesen Situationen bietet es sich an, als Passart den Schiebeschlag zu wählen.

Die rechte Hand bleibt wie beim Schiebepass tief und es erfolgt eine kurze Ausholbewegung mit nahezu gestrecktem rechten Arm.
Übungen: Siehe Schlagen oder Schieben.

Abb. 37: Schiebeschlag

2. Lernschritt: Rückhandschlag

Abb. 38: Rückhandschlag

Der Rückhandschlag gewinnt an Bedeutung (Abb. 38), da den Spielern in enger Deckung oft die Zeit fehlt, sich den Ball für einen Vorhandschlag zurechtzulegen. Die rechte Schulter zeigt in Schlagrichtung, die Fußspitzen zeigen quer zur Schlagrichtung. Der Ball liegt in der Mitte zwischen den Fußspitzen so weit vor dem Körper, dass die Schlägerneigung 45° beträgt. Der Schläger steht in Rückhandstellung links neben dem Ball. Die Hände greifen so zu, dass in der Rückhandstellung des Schlägers der Handrücken der linken Hand entgegen der Schlagrichtung und der Handrücken der rechten Hand in Schlagrichtung zeigt. Der Schläger sollte beim Ausholen nur bis zur Hüfte hochgeführt werden. Dadurch bleibt der Schläger in Verlängerung der Unterarme, das rechte Handgelenk bleibt gestreckt. Beide Oberarme sind so weit vom Oberkörper entfernt, dass sie volle Bewegungsfreiheit haben. In der Abwärtsbewegung strecken sich die Arme und kurz bevor der Ball getroffen wird, streckt sich das linke Handgelenk aktiv und wird dann fixiert, damit die Impulsübertragung des Schwungs auf den Ball übertragen wird.

Übung 1

Alle Spieler stellen sich mit je einem Ball 3-5 Schritte vor einem Zaun, einer Wand oder dem Partner auf. Der Ball wird mit dem Rückhandschlag gepasst. Da die größten Schwierigkeiten, bedingt durch die kleine Schlagfläche, beim Treffen des

Balls entstehen, sollte die Ausholbewegung zu Beginn sehr klein und mit zunehmender Sicherheit vergrößert werden.

Übung 2

Rückhandzielschlag auf ein Minitor.

Übung 3

Zwei Partner stehen sich im Abstand von 5- 10 Schritten gegenüber. Mitten zwischen ihnen ist ein kleines Tor markiert. Wer erzielt bei 20 Rückhandschlägen die meisten Tore?

Übung 4

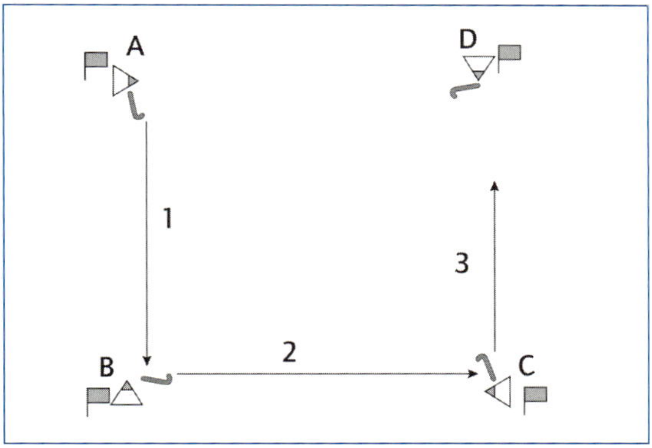

Abb. 39: Frontales Stoppen und Rückhandschlag

Vier Spieler stehen jeweils in den Ecken eines Quadrats, Seitenlänge 5-10 Schritte. Die rechte Schulter jedes Spielers zeigt zum rechten Nebenmann. Der ankommende Ball wird frontal gestoppt und dann mit einem Rückhandschlag nach rechts weitergespielt. Bei genau gespielten Pässen braucht die Fußstellung nicht verändert zu werden.

Übung 5

Vier Spieler stehen an zwei diagonalen Ecken eines Quadrats; A führt den Ball bis zur nächsten Fahnenstange, spielt einen Pass zur nächsten Fahnenstange zu B und läuft seinem Pass hinterher. B führt den Ball und spielt zu C und läuft ebenfalls seinem Pass hinterher usw.

a) Abspiel mit der Vorhand nach links
b) Abspiel mit der Vorhand nach rechts
c) Abspiel mit der Rückhand nach rechts.

3. Lernschritt: Schrubberschlag

Beim Schrubberschlag wird die Griffhaltung des *Schlaggriffs* (hohe Geschwindigkeit) und gleichzeitig die Ausholbewegung des Schiebens (geringe Signalwirkung, bessere Täuschmöglichkeit) angewendet. Die Ausgangsposition ist wie beim Schlag, nur ist die Fußstellung weit auseinander und damit der Körper weiter runtergesetzt. Beim Ausholen befindet sich der Schläger mit der Keule und dem Schaft auf dem Boden. Der Ball wird mit dem Schaft getroffen und dabei sind die Handgelenke fixiert.

Hinweise für Fortgeschrittene

- Durch ein Treffen des Balls am Schaft nahe der Keule und einem gleichzeitigen Nachgeben des rechten Handgelenks bekommt der Ball eine Richtung nach rechts.
- Durch das Treffen des Balls am Schaft nahe zur linken Hand und einem gleichzeitigen Druck des rechten Handgelenks bekommt der Ball eine Richtung nach links.
- Durch die unterschiedlichen Treffpunkte ergibt sich eine sehr verbesserte Täuschmöglichkeit im Zuspiel.

4. Lernschritt: Kurzschlag

Beim Kurzschlag liegt der Unterschied zum normalen Schlagpass in einer anderen Griffhaltung, dem *Kurzschlaggriff*. Während beim Schlaggriff beide Hände aneinander am Schlägerende anfassen, indem die rechte Hand zur linken geführt wird, wird beim Kurzschlaggriff die linke Hand weg vom Schlägerende zur rechten Hand hingeführt. Linke und rechte Hand liegen dann aneinander wie beim Schlaggriff, nur ein bis zwei Handbreit unterhalb des Schlägerendes am Griff. Dadurch ergibt sich eine kürzere Ausholphase und damit eine schnellere Gesamtbewegung des Schlags, die insbesondere unter Gegnerdruck und als Torschuss Vorteile hat.

5. Lernschritt: Kantenschlag

Diese Form des Schlags ist ausschließlich für Fortgeschrittene und Könner geeignet und sei deswegen hier nur kurz beschrieben. Der Treffpunkt des Balls ist nicht an der Keule und am Schaft, sondern an der Kante des Schafts. Dabei wird der Schläger in der Ausholbewegung mit der runden Seite zum Boden gebracht, somit die flache Seite nach oben zeigend, wird mit der Kante des Schafts der Ball getroffen.

Dies kann sowohl mit der rechten (oberen) als auch mit der linken (unteren) Kante geschehen. Der Vorteil liegt darin, dass der Treffpunkt sehr gut unter den Ball gelegt werden kann und es somit zu einem Ansteigen des Balls kommt.

Hinweis
Aus diesem Grund sollte der Schlag erst trainiert werden, wenn die Grundlagen beherrscht werden.

2.2.4 LTZ 6 Vorhand- und Rückhandschiebepässe aus der Ballführung

1. Lernschritt: Vorhandschiebepass nach links und rechts aus der Ballführung

a) Vorhandschiebepass nach links
Bei der Ballführung muss vor dem Pass nach links der Ball mitten vor dem Körper sein, sodass die Schlägerfläche am Ball nach links in Passrichtung zeigt. Durch den Druck der rechten Hand erfolgt die Kraftübertragung auf den Ball. Das Abspiel erfolgt, indem die rechte Hand den Schläger nach links drückt.

Abb. 40: Vorhandschiebepass nach links

b) Vorhandschiebepass nach rechts
Vor dem Vorhandpass nach rechts überläuft der Spieler den Ball so weit, dass der Ball in Höhe der Ferse des vorderen Fußes liegt. Gleichzeitig wird durch Drehen des Oberkörpers nach rechts der linke Ellbogen nach vorne gebracht und damit der Schläger rechts neben den Körper genommen, bis die Schlagfläche direkt am Ball ist und quer zur Laufrichtung nach rechts zeigt. Der Schiebepass wird durch den Druck der rechten Hand in Passrichtung ausgeführt.

Übung 1

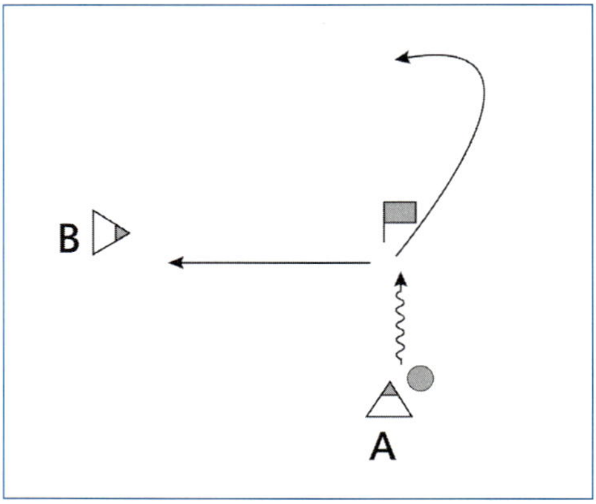

Abb. 41: Kreuzlauf mit Pass nach links

Spieler A führt den Ball 5-7 Schritte auf eine Fahnenstange (Reichweite des Gegenspielers) zu und spielt vor der Stange einen Pass quer zur Laufrichtung nach links auf Spieler B, der ebenfalls 5-7 Schritte vor der Stange steht. A läuft rechts an der Markierung vorbei und stellt sich 5-7 Schritte dahinter auf. Nun startet B und verfährt ebenso.

Übung 2

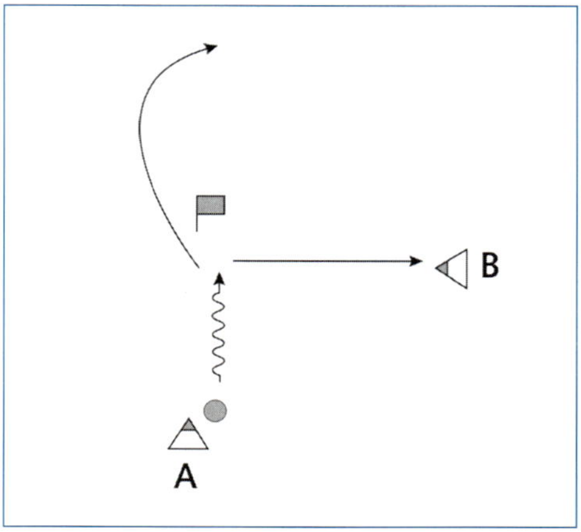

Abb. 42: Kreuzlauf mit Pass nach rechts

Aufstellung wie in Übung 1, nur dass B rechts von A steht und das Abspiel nach rechts erfolgt.

2. Lernschritt: Rückhandschiebepass nach rechts aus der Ballführung

Abb. 43: Rückhandschiebepass nach rechts aus der Ballführung

Aus der Ballführung wird die Rückhand links neben den Ball gestellt, sodass die Schlägerfläche nach rechts zeigt; danach erfolgt der Rückhandpass nach rechts, ausgelöst durch den Zug der rechten Hand in Passrichtung (Abb. 43).

ÜBUNGEN: SIEHE LTZ 1.

3. Lernschritt: Angetäuschte Vorhand- und Rückhandpässe aus der Bewegung

a) Angetäuschter Rückhandschiebepass nach rechts

Der Ball befindet sich mitten vor dem Körper. Die Rückhand wird – vor dem zu täuschenden Gegenspieler – links neben den Ball gestellt und der Spieler schaut dabei nach rechts. Nun wird der Schläger aus der RH-Stellung über den Ball in die VH-Stellung rechts neben den Ball gebracht und das Abspiel erfolgt nach links.

b) Angetäuschter Vorhandpass nach links

Aus der Ballführung wird – vor dem zu täuschenden Gegenspieler – die Vorhand rechts neben den Ball gestellt und der Ballführende schaut nach links. Danach wird der Schläger in die RH-Stellung gedreht und es erfolgt ein RH-Pass nach rechts.

Übung: Kreuzlauf zu sechst

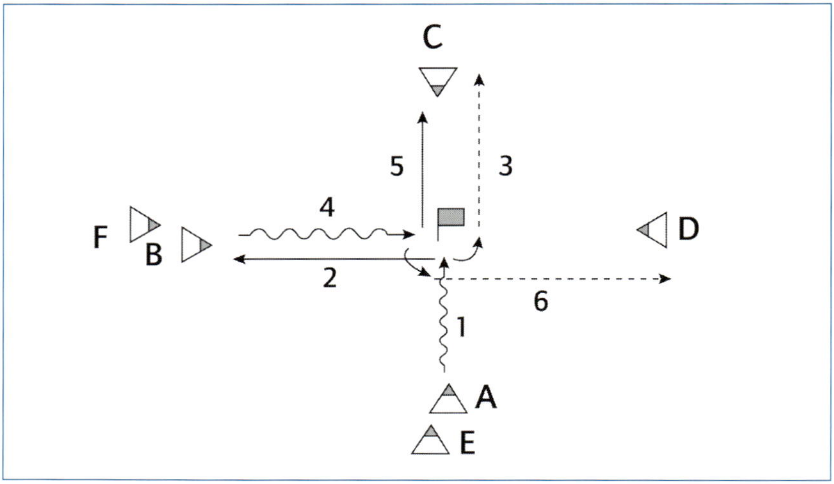

Abb. 44: Kreuzlauf zu sechst

Spieler A läuft mit Ball auf die Fahnenstange zu, täuscht ein Abspiel nach rechts an, spielt nach links zu B und läuft hinter C. B läuft auf die Stange zu, täuscht ein Abspiel auf E an, spielt auf C und läuft hinter D.

C läuft auf die Stange zu, täuscht ein Abspiel auf F an und spielt zu D.

2.2.5 LTZ 7 Schlenzen

Das Schlenzen ist das wichtigste technische Element bei der Ausführung von 7-m-Bällen (Hallen-, Kleinfeld- und Feldhockey). Große Bedeutung hat der Schlenzball als Zuspiel für einen Mitspieler in den freien Raum über eine eng deckende Abwehr hinweg (Feldhockey). Das Schlenzen besitzt als Torschuss überragende Bedeutung im Hallenhockey. Im Kleinfeld- und Feldhockey ist der geschlenzte Torschuss nötig für den Fall, dass der Spieler in Bedrängnis keine Zeit zum Ausholen und damit zum Schlag hat und zum Überwinden des liegenden Torwarts.

1. Lernschritt: Vorhandschlenzen im Stand

Abb. 45: Schlenzen mit linkem Fuß vorne

Die Technik des Schlenzens (Abb. 45) baut auf der Technik des Schiebens aus der Seitstellung auf. Die Füße stehen in einer überschulterbreiten Grätschstellung. Die linke Schulter zeigt in Passrichtung. Der Ball liegt fast in Höhe des linken Fußes so weit vor dem Körper, dass die Schlägerneigung 45° beträgt. Der Griff der Hände ist, wie im LTZ 1 beschrieben, so am Schläger, dass der Handrücken der linken Hand in Passrichtung und der Handrücken der rechten Hand entgegen der Passrichtung zeigt.

Die Schlägerfläche liegt direkt hinter dem Ball (Abb. 46). Je höher der Schlenzball werden soll, desto weiter muss der Schläger nach hinten geneigt werden. In der Ausholbewegung wird das Gewicht tief auf das hintere rechte Bein verlagert. Mit dem Nachvornebringen des Gewichts kommt es, verbunden mit einem schnellkräftigen Drücken der rechten Hand in Passrichtung und gleichzeitigem Gegendruck der linken Hand entgegen der Passrichtung, zur Schlenzbewegung, durch die der Ball nach vorne oben ansteigt. Die ganze Bewegung vollzieht sich von hinten unten nach vorne oben. Je schnellkräftiger die Schlenzbewegung ist, desto härter ist der Schlenzball und je tiefer die ausholende Gewichtsverlagerung ist, desto steiler und höher ist der Schlenzball. Am Ende der Bewegung zeigt in einer tiefen Ausfallschrittstellung die Keulenspitze in Schulterhöhe nach oben.

Abb. 46: Schlägerflächenansatz beim Schlenzen

Übung 1

Die Spieler stehen im Abstand von 3-5 Schritten vor einer Mauer oder einem Zaun. Schlenzen zuerst ohne, später mit Zielangabe, z.B. Schlenzen über eine Linie in 1, 2, 3 m Höhe oder ein ähnliches Ziel, ebenfalls in verschiedener Höhe.

Übung 2

Zielschlenzen zum Partner. Abstand nach Leistungsstand 5-10 Schritte.

Übung 3

Die Spieler stellen sich mit einem Ball halbkreisförmig vor das Tor, Abstand 5-7 Schritte. Die Spieler sollen aus der mittleren, halbrechten oder halblinken Position zum Tor flach bis halbhoch in die Ecken schlenzen.

2. Lernschritt: Vorhandschlenzen des ruhenden Balls aus der Bewegung

Der Spieler stellt sich mit der linken Schulter in Schlenzrichtung mit einem Schritt Abstand hinter den Ball. Gleichzeitig mit dem ‚in Schlenzrichtung setzen' des linken Fußes bis auf Ballhöhe erfolgt das Einnehmen der tiefen Seitstellung als Vorbereitung zum Schlenzen. Mit dem Aufsetzen des linken Fußes erfolgt die Schlenzbewegung, wie im 1. Lernschritt beschrieben. Als erschwerend wirkt bei Anfängern die Anlaufverlängerung auf drei Anlaufschritte. Ein wesentliches Ziel dieses Lernschritts ist das Umsetzen der Körperhaltung im Lauf (wenig Kniebeugung, Fußspitzen zeigen in Laufrichtung) in die für das Schlenzen notwendige tiefe Seitstellung des Körpers.

Beim vorletzten Schritt mit dem rechten Fuß wird schon etwas seitwärts gedreht aufgesetzt und beim letzten Schritt mit dem seitlich aufgesetzten linken Fuß wird der Schläger an den Ball geführt und dann folgt die Schlenzbewegung. Bei den letzten Schritten kommt es kontinuierlich zu einer stärkeren Beugung der Kniegelenke.

ÜBUNG 1-3
Die im 1. Lernschritt beschriebenen Übungen sollten mit der erweiterten, erschwerten Aufgabenstellung ausgeführt werden.

3. Lernschritt: Vorhandschlenzen des rollenden Balls

Der Spieler sollte sich beim Schlenzen des rollenden Balls aus dem frontalen Anlauf durch ein Umsetzen auf den letzten beiden Schritten in Seitstellung bringen. Nach dem drittletzten Schritt mit links wird der rechte Fuß schon etwas seitwärts gedreht aufgesetzt und mit dem seitlich aufgesetzten linken Fuß wird der Schläger an den Ball geführt und dann folgt die Schlenzbewegung.

ÜBUNG
Der Spieler legt sich den Ball 3-5 Schritte vor, läuft nach und schlenzt den rollenden Ball aufs Tor oder zum Partner.
Wichtig: Der Ball wird bis zum linken Fuß gezogen/gedrückt und dann schnellkräftig geschlenzt.

4. Lernschritt: Vorhandschlenzen aus dem Lauf mit linkem Fuß vorne

Beim Schlenzen aus dem Lauf mit linkem Fuß vorne (Abb. 47) bringt der Spieler sich auf den letzten Schritten aus dem frontalen Lauf in eine seitliche Stellung zum Ball. Das Umsetzen vollzieht sich wie im 1. und 2. Lernschritt beschrieben.

ÜBUNG 1
Seitführen des Balls über einige Meter. Ohne Anhalten des Balls sofortiger Schlenzball aufs Tor oder zum Partner. Beim Beginn der eigentlichen Schlenzbewegung ist darauf zu achten, dass der Ball in Höhe der linken Fußspitze liegt.

Abb. 47: Schlenzen mit linkem Fuß vorne

Übung 2

Der Spieler führt den Ball schräg zu seiner späteren Schlenzrichtung in den Kreis, setzt um und schlenzt mit dem linken Fuß vorne aufs Tor.

Übung 3

Der Spieler startet von verschiedenen Positionen (rechts, Mitte, links) außerhalb des Schusskreises mit Vorhandseitführen, dringt in den Schusskreis ein und schlenzt von 5-8 m Abstand aufs Tor.

5. Lernschritt: Schlenzen aus dem Lauf mit rechtem Fuß vorne

Nicht immer hat der Spieler die Zeit, sich aus dem Lauf in die Seitstellung zu bringen. Er muss auch in der Lage sein zu schlenzen, wenn der rechte Fuß vorne ist (Abb. 48). Bei dieser Art des Schlenzens bleibt der Spieler in der Frontalstellung, d.h., der Ball ist rechts neben dem vorderen rechten Fuß. Damit aber die Arme genügend Bewegungsfreiheit zur Ausführung der Schlenzbewegung haben, muss das rechte Bein einen weiten (tiefen) Ausfallschritt machen und der Oberkörper gleichzeitig weit nach vorne gebeugt werden. Durch diese Bewegungen kommen die Hände und damit der Schläger so flach zum Boden, dass der Spieler die Schlägerfläche gut unter dem Ball ansetzen kann und die Arme bei der Ausführung der Schlenzbewegung nicht durch das rechte Bein behindert werden. Mit dem Ausfallschritt wird die Schlägerfläche an den Ball gebracht und dann folgt die Schlenzbewegung des Schlägers, indem die rechte Hand schnellkräftig in Passrichtung drückt, während die linke Hand entgegengesetzt drückt. Die methodische Erarbeitung ist die Gleiche wie zum Schlenzen mit linkem Fuß vorne, zuerst mit ruhendem, dann rollendem Ball und schließlich aus der Ballführung.

Abb. 48: Schlenzen mit dem rechten Fuß vorne

Übung 1
Der Ball liegt so vor den Spielern, dass sie ihn nach einem Ausfallschritt mit dem rechten Bein mit der beschriebenen Technik gegen eine Mauer schlenzen können.

Übung 2
Der Ball liegt so weit vor dem Spieler, dass er ihn nach der Schrittfolge rechts-links-rechts zuerst gegen eine Mauer, später zum Partner oder aufs Tor schlenzen kann.

Übung 3
Der Spieler legt sich den Ball vor, läuft nach und schlenzt den Ball, wenn der rechte Fuß vorne ist.

Übung 4
Der Spieler startet von der Viertellinie mit Vorhandseitführen, dringt in den Schusskreis ein und schlenzt mit dem rechten Fuß vorne aus 5-8 Schritten aufs Tor.

Übung 5
Zwei Spieler stehen nebeneinander an der Viertellinie. Hinter ihnen steht ein Zuspieler, der einen temperierten Ball zwischen ihnen hindurch aufs Tor spielt. Sowie die beiden Spieler den Ball sehen, starten beide Spieler dem Ball nach und versuchen, den Ball an- und mitzunehmen und aus vollem Lauf aufs Tor zu schlenzen. Der Spieler ohne Ball soll den Ballbesitzer bis zum Torschuss behindern, der so gezwungen wird, in den meisten Fällen mit dem rechten Fuß vorne zu schlenzen.

Bei der Fehlerkorrektur sollte die angegebene Reihenfolge weitestgehend beachtet werden.

1.Fehler:
Ball erreicht keine Höhe.

Ursache:
Griffhaltung zu eng, fehlende Kniebeugung verursacht eine nicht ausreichend tiefe Seitstellung, fehlendes Umsetzen von frontaler Ballführungshaltung in schlenznotwendige tiefe Seitstellung.

Korrektur:
Eine wirksame Hilfe ist die Aufgabe: „Versuche, an der Schlägerfläche entlang unter den Ball zu sehen." Alle Schlenzbewegungen mit großen und kleinen Softbällen, Tennisbällen und die zeitlupenhafte Ausführung mit einem Luftballon haben sich als wirkungsvoll erwiesen. Schlenzen von verschiedenen hohen Geräten (hoher/niedriger Kasten, Bank, Bande).

2. Fehler:
Genauigkeit des Schlenzballs.

Ursache:
Körper- und Ballgefühl, insbesondere bei Gegnerstörung oder in Richtung auf dynamische Merkmale (ruhige Vorbereitungsphase und explosive Hauptphase) sind nicht genügend ausgeprägt.

Korrektur:
Wie unter 1. mit unterschiedlichen Richtungs- und Höhenaufgaben.

3. Fehler:
Härte des Schlenzballs.

Ursache:
Fehlende Schnellkraft im Arm-, Schulter- und Rumpfmuskulaturbereich. Serienfehlende Gewichtsverlagerung.

Korrektur:
Zur Stabilisierung der schnellkräftigen Armbewegungen empfehlen sich mit 2-4 Bällen Serien in der Halle mit dem schwereren Feldhockeystock gefolgt von Serien mit dem leichten Hallenhockeystock.

2.3 Ballannahme

2.3.1 LTZ 8 Vorhand- und Rückhandstoppen

1. Lernschritt: Frontales Vorhandstoppen

Für diesen Lernschritt gilt das beim „Frontalen Annehmen" Gesagte im Lernteilziel 3. Das frontale Stoppen ist für den Anfänger die sicherste Art der Ballannahme. Die Füße stehen schulterbreit auseinander, können aber auch geschlossen sein. Der Ball wird am sichersten angenommen, wenn man ihn mit den Augen bis an den Schläger verfolgen kann. Der Anfänger wird so oft wie möglich versuchen, das frontale Stoppen im Stand anzuwenden. Jede Unsicherheit beim Stoppen hemmt das Kombinationsspiel, da der Ball immer wieder verloren geht.

Auch bei einem Ball, der in geringer seitlicher Entfernung vom Körper ankommt, ist es günstiger, durch schnelles Ändern der Position sich so zum Ball zu stellen, dass frontales Stoppen im Stand möglich ist. Auf dem Naturrasen oder bei springenden Bällen wird der Schläger nahezu senkrecht vor den Körper gestellt (Abb. 49).

Abb. 49: Stoppen mit senkrechtem Schläger

Abb. 50: Stoppen mit tiefem Schläger

In der Halle oder bei rollenden Bällen auf dem Kunstrasen wird der Schläger tief auf den Boden gelegt, um die Stoppfläche am Schläger zu vergrößern (Abb. 50).

Übung 1

Frontales Schieben und Annehmen des Balls. Die Fußstellung sollte nicht geändert werden. Bälle, die weiter auf die rechte oder linke Seite kommen, werden in der gleichen Weise durch Gewichtsverlagerung auf das entsprechende Bein oder durch Seitschritte gestoppt.

Übung 2

Aufstellung wie bei Übung 1. Der Ball wird abwechselnd etwas weiter auf die Vorhand oder die Rückhand gespielt. Der annehmende Spieler soll durch entsprechendes Ändern der Position den Ball immer in frontaler Stellung stoppen. Danach wird der Ball wieder zum Zuspieler zurückgespielt und der Spieler läuft sofort in die Ausgangsstellung zurück. Damit sich die Spieler an das Stoppen unter läuferischer Belastung gewöhnen, sollte immer in Serien geübt werden, z.B. nach 20-maligem Zuspiel und Stoppen wechseln die Aufgaben.

Übung 3

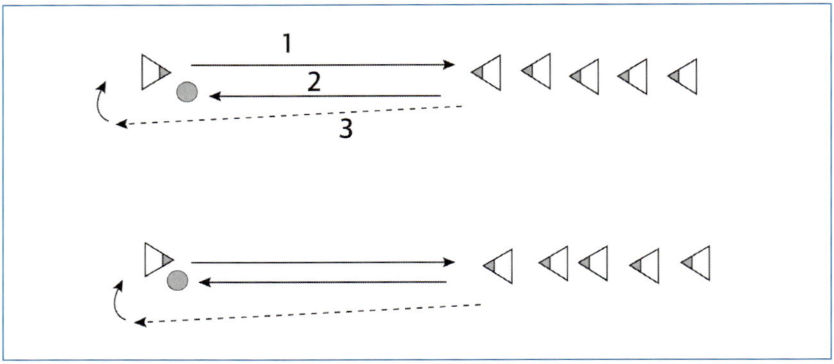

Abb. 51: Königinnenball

4-6 Spieler stehen in einer Reihe. Vor jeder Reihe steht im Abstand von 5-6 Schritten der Zuspieler, die ‚Königin' dieser Gruppe. Der Zuspieler spielt den Ball auf den Ersten der Reihe, dieser spielt den Ball sofort zurück und schließt sich hinten in der Reihe an. Hat der Zuspieler dem Letzten in der Reihe den Ball zugepasst, so nimmt dieser mit dem Ball den Platz des Zuspielers – Königin – ein, während dieser sich als Erster in der Reihe aufstellt. Der Wettkampf ist beendet, wenn jeder einmal ‚Königin' war. Die Spieler sollten erkennen, dass ein genaues, temperiertes Zuspiel meist besser ist, als ein sehr hartes und unplatziertes.

Übung 4

4-6 Spieler auf jeder Seite stehen sich in zwei Linien gegenüber. Die jeweils Ersten jeder Linie haben einen Ball und spielen dem Zweiten der gegenüberstehenden Linie den Ball zu, der weiter zum Dritten der gegenüberstehenden Linie spielt usw., sodass der Ball immer im Zickzack durch die Mannschaft wandert. Die Mannschaft, deren Ball zuerst wieder am Startpunkt ankommt, hat gewonnen.

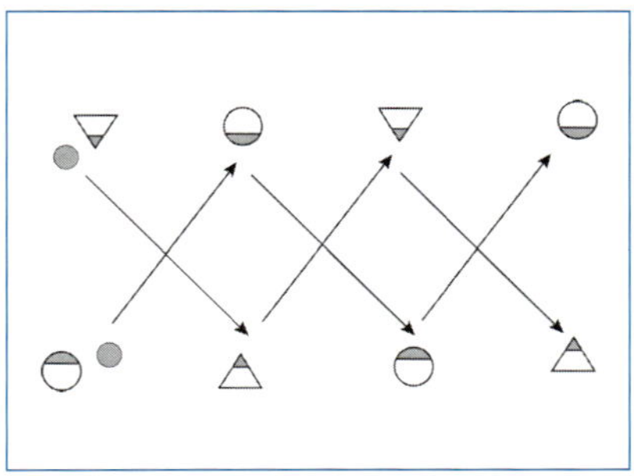

Abb. 52: Wettwanderball

2. Lernschritt: Vorhandstoppen in Seitstellung

Das seitliche Vorhandstoppen (Abb. 53) ist eine weitere Möglichkeit der Ballannahme, dabei zeigt die linke Schulter in Ballrichtung. Der Vorteil dieser Art des Stoppens liegt darin, dass die Haltung beim seitlichen Vorhandstoppen gleichzeitig die Ausgangsstellung für den Vorhandschiebepass und den Vorhandschlag ist.

Abb. 53: Vorhandstoppen in Seitstellung

Fehler:
Der Ball springt über den Schläger.

Ursache:
Der Schläger ist nach oben geöffnet.

Korrektur:
Übertriebene ‚Dachbildung' einsetzen.

Fehler:
Der Ball springt vom Schläger ab, sowohl nach vorne als auch nach rechts und links.

Ursache:
Schlägerstellung ist nicht nach vorne unten geneigt.

Korrektur:
Ball frühzeitig mit den Augen und dem Schläger ‚aufnehmen'; ‚Dach' bilden.

Fehler:
Der Ball gerät aus der Reichweite.

Ursache:
Der Schläger macht eine Bewegung.

Korrektur:
Sofortiges Nachsetzen, nachfassen mit der VH gegen den Ball, VH hinter den Ball bringen.

3. Lernschritt: Rückhandstoppen in Seitstellung

Abb. 54: Rückhandstoppen in Seitstellung

Aus der parallelen Fußstellung – Schläger ist auf der Vorhandseite – wird der linke Fuß durch Drehung auf dem rechten Fußballen nach links bis zur Seitstellung zurückgenommen. Gleichzeitig dreht die linke Hand den Schläger linksherum in die Rückhandstellung. Der ankommende Ball wird in Höhe des hinteren linken Fußes gestoppt (Abb. 54). Sicheres Stoppen des Balls ist nur möglich, wenn die Hände den Ball weich annehmen und ein ‚Dach' über dem Ball bilden. Bei hart gespielten Bällen wird mit dem Schläger ein Gegendruck zur Bewegungsrichtung des ankommenden Balls ausgeübt.

Übung 1

Zwei Spieler stehen sich im Abstand von 3-5 Schritten gegenüber. Der Ball wird mit der Rückhand gestoppt und mit einem Rückhandschiebepass zum Partner zurückgespielt.

Übung 2

Zwei Spieler verteidigen zwei gegenüberliegende Tore (Breite: ca. zwei Schlägerlängen; Abstand 5-10 Schritte). Der verteidigende Spieler soll an der rechten Tormarkierung stehen. Ein mit Rückhandstoppen verhindertes Tor zählt einen Punkt und ein geschossenes Tor zwei Punkte.

4. Lernschritt: Rückhandstoppen in Laufrichtung

Die zweite Art des Rückhandstoppens soll es dem Spieler ermöglichen, nach der Rückhandballannahme schnell weiterzuspielen. Dazu steht er mit seinen Fußspitzen in die spätere Laufrichtung und mit dem Rücken in Passrichtung. Der ankommende Ball läuft an der Rückhandseite des Spielers, rechts am Körper vorbei und wird auf Höhe des linken Fußes angehalten. Anschließend wird sofort wieder die Vorhand hinter den Ball gebracht (Abb. 55).

Abb. 55: Rückhandstoppen in Laufrichtung

Übung 1

A steht in einem Hütchentor und wird von B in die Rückhand angespielt. Nach dem Stoppen des Balls spielt A einen Rückhandpass zurück auf B.

Übung 2

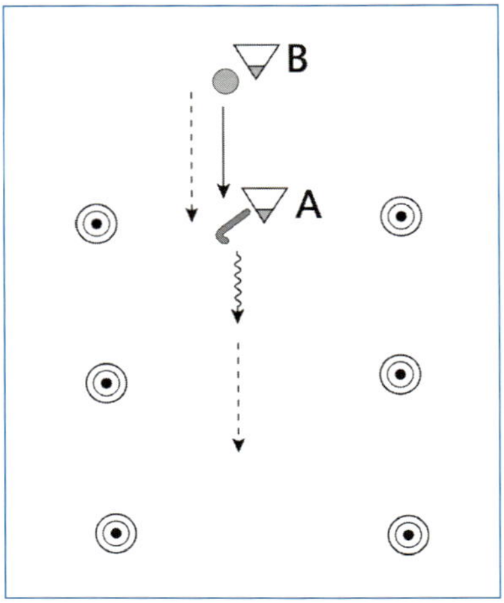

A steht in einem Hütchentor und wird von B in die Rückhand angespielt. Nach dem Stoppen des Balls läuft er mit dem Ball weiter in Richtung auf das zweite Hütchentor. Nach 3 m lässt er den Ball liegen und läuft ohne Ball in das nächste Tor. B läuft hinter ihm her, nimmt den Ball auf und spielt ihn erneut in die Rückhand usw.

Abb. 56: Rückhandtorschussball

5. Lernschritt: Stoppen mit der tiefen Rückhand

Abb. 57: Einhändiges tiefes Rückhandstoppen

Im Hallenhockey und bei flachen Bällen auf dem Kunstrasen kann man durch das Stoppen mit der tiefen Rückhand die Reichweite erheblich erweitern und das Stoppen sichermachen. Man muss jedoch die Nachteile in Kauf nehmen, dass diese Stoppart länger dauert und auch das Weiterspielen langsamer geht. Auch hierbei unterscheidet man verschiedene Ausführungsarten:

1. Die einhändige tiefe Rückhand (Abb. 57)

Aus der Frontalstellung legt man den Schläger auf der Rückhandseite in ganzer Länge auf den Boden, was mit einer tiefen Körperbeugung nach links unten verbunden ist. Auch hierbei ist die ‚Dachbildung' erforderlich. Der Ball sollte etwa in der Schlägermitte gestoppt werden. Nach dem Stoppen sollte der Körper schnell aufgerichtet und der Ball in die Körpermitte gezogen werden.

2. Die beidhändige tiefe Rückhand (Abb. 58)

Ausgangsstellung und Bewegungsausführung bleiben wie o.g., jedoch bleiben beide Hände am Schläger. Das Stoppen kann in der Frontal- oder Seitstellung erfolgen.

Abb. 58: Beidhändiges tiefes Rückhandstoppen

3. Rückhandstoppen mit dem Kurzgriff (Abb. 59)

Bälle, die auf Höhe des linken Fußes zu stoppen sind, können ebenfalls mit der tiefen Rückhand gestoppt werden. Dabei bietet es sich an, den Kurzgriff, d.h., der Schläger wird nur in seiner Mitte von der rechten Hand gehalten, anzuwenden.

Übungen siehe LS 3.

Abb. 59: Rückhandstoppen mit Kurzgriff

6. Lernschritt: Stoppen mit großer Reichweite

Das Stoppen mit großer Reichweite ist eine wichtige Ergänzung und Erweiterung des Lernteilziels „Stoppen", das sowohl auf der Vorhand- als auch auf der Rückhandseite geübt werden muss.

a) Vorhandseite

Aus der Frontalstellung erfolgen kleine, schnelle Schritt nach rechts, Knie und Oberkörper werden weit nach unten vorne gebeugt, die Schulter gesenkt und die Schlägerfläche dem ankommenden Ball entgegengeneigt. Durch Lösen der rechten oder auch der linken Hand kann die Reichweite vergrößert werden.

Übung 1

Spieler A und B stehen sich im Abstand von 4-6 m frontal gegenüber. A steht an der linken Markierung eines Hütchentors. B spielt einen Pass auf die rechte Markierung. A soll den Ball erlaufen, stoppen, ihn zu B zurückspielen und zurück zum Ausgangspunkt laufen.

Übung 2

Wie 1., jedoch wird die Aufgabe erschwert durch:

- Vergrößerung des Tors,
- Erhöhung der Zuspielhärte.

b) Rückhandseite

Aus der Frontalstellung erfolgen kleine, schnelle Schritte nach links, verbunden mit einer Körperdrehung nach links. Knie, Oberkörper und Schulter werden tief gebeugt und der Ball mit der Rückhand gestoppt.

Übungen siehe Vorhandseite.

Kombinierte Übungen

Übung 1

A steht mitten in einem ca. 5 m großen Hütchentor. B steht A gegenüber und spielt die Bälle mal auf die eine, mal auf die andere Markierung. A stoppt die Bälle unter Ausnutzung der Reichweite und spielt sie zu B zurück.

Übung 2

A steht mitten in einem ca. 5 m großen Hütchentor. Jeweils den Hütchen gegenüber stehen im Abstand über 6-8 m B und C.

Zuerst spielt B einen Pass auf das rechte Hütchen, A läuft dorthin, stoppt den Ball mit der Vorhand und spielt ihn zurück zu B. Danach spielt C einen Ball auf das linke Hütchen, A läuft dorthin und stoppt den Ball mit der Rückhand und spielt ihn zurück zu C usw.

2.3.2 LTZ 9 Ballannahme in der Bewegung

1. Lernschritt: Ballannahme mit der Vorhand in der Bewegung

a) Von links

Im Lauf wird der Schläger so vor den Körper genommen, dass die Schlägerfläche nach links zeigt und die Neigung des Schlägers im Moment der Ballannahme 45° beträgt. Die Ballannahme kann mitten vor dem Körper erfolgen oder der annehmende Spieler lässt den Ball an seinem Körper vorbeilaufen und stoppt ihn an der rechten Körperseite. Nach dem ersten Ballkontakt muss der Spieler den Ball sofort unter Kontrolle haben, sodass Anschlusshandlungen unmittelbar folgen können.

b) Von rechts

Bei der Ballannahme mit der Vorhand des von rechts kommenden Balls muss der Spieler durch Drehen des Oberkörpers nach rechts und Vorbringen des linken Ellbogens den Schläger so rechts neben den Körper nehmen, dass die Schlägerfläche nach rechts unten (‚Dach') zeigt. Die Ballannahme erfolgt auf Höhe der Ferse des vorderen Beins.

Übung 1

Zwischen Mittellinie und Schusskreisrand stehen drei Zuspieler auf der linken Angriffsseite, die anderen Spieler stehen jeder mit einem Ball auf der Mittellinie. Spieler A mit Ball spielt einen Pass nach links zum ersten Zuspieler, der ihm den Ball sofort wieder in den Lauf zurückspielt. A nimmt den Ball in der Bewegung an; danach spielt A den zweiten Zuspieler an usw.

Übung 2

Die drei Zuspieler stehen auf der rechten Angriffsseite und von den Spielern erfolgt ein Abspiel nach rechts mit der Ballannahme von rechts in der Bewegung.

Übung 3

Zwei Spieler stehen im Abstand von ca. 4 m nebeneinander auf der Mittellinie. Sie laufen in Richtung Schusskreis und spielen sich dabei Schrägpässe zu. Im Schusskreis erfolgt ein Torschuss. Der rechte Spieler übt die Ballannahme von links und der linke Spieler die Ballannahme von rechts.

Übung 4

Übung 1 wird erschwert, indem zuerst die Laufgeschwindigkeit und die Passhärte gesteigert wird und dann die Zahl der Ballkontakte begrenzt wird. Es soll erreicht werden, dass nur zwei Kontakte notwendig sind, d.h. ein Kontakt zur sicheren Ballannahme und der Zweite zum Passspiel.

2. Lernschritt: Ballannahme mit der Rückhand in der Bewegung

Die Ballannahme mit der Rückhand des von rechts kommenden Balls erfolgt immer weit vor dem Körper. Der Schläger wird frühzeitig vor dem Körper in Rückhandstellung gebracht, sodass die Schlägerfläche nach rechts unten (‚Dach') zeigt.

3. Lernschritt: Ballannahme beim Entgegenlaufen mit der Vorhand

Diese Art der Ballannahme ist wichtig, um sich vom manndeckenden Gegenspieler zu lösen und Sperrfehlern zu entgehen. Der Ball wird seitlich vom Körper angenommen. Die Körper- und Schlägerstellung im Moment der Ballannahme entspricht der beim Vorhandseitführen. Hierbei ist es besonders wichtig, dass beide Hände dem Schläger Bewegungsfreiheit lassen, damit der Schläger beim Auftreffen des Balls etwas nachgibt und so ein weites Abspringen verhindert wird. Bei sehr hart gespielten Bällen ist ein Druckgeben gegen den ankommenden Ball zu empfehlen.

Übung 1

Zwei Spieler stehen sich 15-20 m entfernt gegenüber. A hat den Ball und wartet, bis B mit einem Antritt auf ihn zuläuft, in diesem Moment spielt er den Ball auf die Vorhand von B. B nimmt den Ball im Entgegenlaufen an, läuft noch einige Meter weiter und dribbelt zurück zu seiner Ausgangsposition. Nun wartet B den Antritt von A ab und spielt diesem den Ball zu.

Übung 2

Spieler A und B stehen hintereinander, ihnen gegenüber stehen im Abstand von 20 m Spieler C und D. Spieler A spielt den Ball dem entgegenlaufenden Spieler C in dessen Vorhand. Dieser nimmt den Ball an und spielt ihn dem entgegenlaufenden Spieler A zu, A spielt auf D, D auf B usw. Nach dem Abspiel schließt sich der Spieler hinter der gegenüberliegenden Gruppe an.

Übung 3

Spieler A steht in der Mitte des Feldes – im Feldhockey auf der Viertellinie – im Hallen- und Kleinfeldhockey auf der Mittellinie.

Spieler B steht – im Feld- und Kleinfeldhockey nahe der Eckfahne - im Hallenhockey auf der Torauslinie, nahe der Bande.

B läuft auf A zu, erhält den Ball zugespielt und spielt ihn nach der Ballannahme dem nachlaufenden A zurück. A dringt in den Schusskreis ein und schießt aufs Tor.

4. Lernschritt: Ballannahme beim Entgegenlaufen mit der Rückhand

Um den hinter sich laufenden Deckungsspieler nicht zu sperren, muss der Angriffsspieler auch in der Lage sein, einen Ball mit der Rückhand im Entgegenlaufen anzunehmen und unter Kontrolle zu bringen.

Dem Zuspieler ist anzuzeigen, dass der Ball mit der Rückhand angenommen werden soll. Der Schläger wird mit Beginn des Entgegenlaufens in Rückhandstellung auf die linke Körperseite genommen. Kurz vor der Ballannahme sollte der Spieler sich durch Drehen des Körpers nach links in Seitstellung zum Ball bringen.

Übung: Siehe LS 3.

Übung 4

Ein Zuspieler steht ca. 15-20 m vor seinem Mitspieler und dessen Deckungsspieler. Der Mitspieler erhält vom Zuspieler den Ball und spielt ihn zum Zuspieler zurück. Der Deckungsspieler stört schon bei der Ballannahme. Der Mitspieler soll den Ball immer auf der Seite annehmen, auf der er seinen Deckungsspieler nicht sperrt.

Übung 5

Wie Übung 4, aber vor einem Tor, d.h., der Mitspieler hat die Aufgabe, den Ball an- und mitzunehmen und ein Tor zu erzielen.

2.4 Abwehrtechniken

Die Beherrschung individueller Techniken zur Abwehr des gegnerischen Angriffs hat eine besondere Bedeutung in einem erfolgreichen Hockeyspiel. Das Ziel besteht darin, den Ball aus dem Ballbesitz des Gegners zu gewinnen. Dazu sollte es nicht nur genügen, den Ball aus der gegnerischen Kontrolle zu spielen, sondern ihn zu sichern und für den eigenen Angriff zu verwerten. Wichtiges Kriterium für die erfolgreiche Abwehr gegnerischer Angriffe ist die Ballkontrolle.

Den Ball, auch unter Gegnereinwirkung sicher zu beherrschen, ihn zu kontrollieren, trägt zu einem konstruktiven Abwehrspiel bei. Zusätzlich kommt es häufig zu Spielsituationen, in denen die Abwehr in Gleich- oder Unterzahl zum Gegner steht. Hier muss eine sinnvolle Abstimmung der individuellen Abwehrtechniken zueinander erfolgen.

2.4.1 LTZ 10 Abwehrtechniken

1. Lernschritt: Das einfache Ausweichen mit Ball nach rechts und links

Ziel ist es, bei Ballbesitz dem heranstürmenden Gegner auszuweichen und dadurch eine eigene Ausgangsposition für ein Abspiel oder ein Umspielen zu schaffen.

Ausgangsposition ist eine frontale Stellung zum Gegner. Der Ball sollte mitten vor dem Körper liegen, um somit in alle Richtungen spielbereit zu sein. Ist der Gegner in Reichweite des Balls angelangt, wird der Ball vor dem Körper quer zur Laufrichtung des Gegners gezogen. Wichtig ist hierbei eine senkrechte Schlägerfläche zum Ball, um dem Ball genügend Impuls zu geben. Gleichzeitig findet ein Ausfallschritt zur Seite statt, um die Reichweite des Gegners zu umgehen. Wichtig: Die Position zum Gegner bleibt frontal.

Der Ball wird somit außerhalb der Reichweite des Gegners und dann mit Tempo in die eigene Angriffsrichtung geführt. Wird mit dem Ball nach rechts ausgewichen, erfolgt ein Zug des Balls mit der Rückhand und ein Weiterspielen mit der Vorhand. Wird mit dem Ball nach links ausgewichen, geschieht dies mit einem Zug des Balls mit der Vorhand und einem Weiterspielen mit der Rückhand.

Fehler:
Der Ball wird nicht zur Seite gezogen, sondern geführt.

Ursache:	**Korrektur:**
Es wird eine seitliche Stellung eingenommen.	Frontal zum Gegner bleiben.

Fehler:
Der Ball wird in die Reichweite des Gegners gespielt.

Ursache:	**Korrektur:**
Der Zug des Balls zur Seite erfolgt nicht quer zur Laufrichtung des Gegners, sondern schräg nach vorne.	Senkrechte Schlägerstellung Die Fläche muss in Passrichtung zeigen.

Übung 1

Der Spieler hat den Ball vor seinem Körper liegen. Mit dem Ball wird abwechselnd aus dem Stand nach rechts oder links ausgewichen und der Ball mit Tempo in die Angriffsrichtung geführt.

Übung 2
Der Spieler bekommt den Ball zuerst zugespielt und weicht dann wie in Übung 1 mit dem Ball aus. Die Anspielrichtung ist zuerst von vorne, später auch von der Seite.

Übung 3
Nach dem Zuspiel läuft der Zuspieler seinem Ball hinterher und versucht, im Laufen den Ball zu gewinnen. Der Spieler im Ballbesitz muss nun dem Angreifer ausweichen.

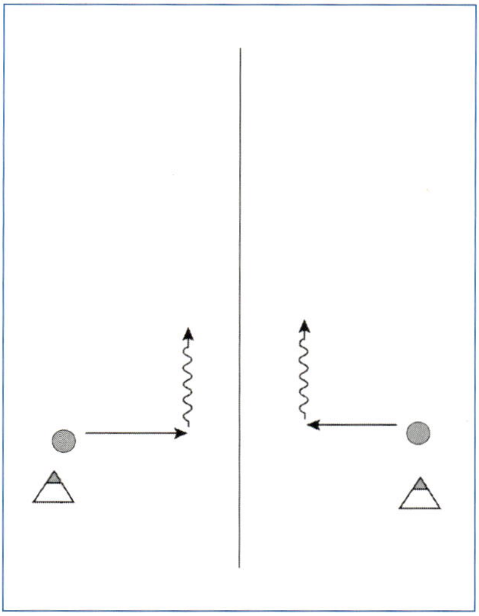

Abb. 60: Ausweichen nach rechts/Ausweichen nach links

2. Lernschritt: Das angetäuschte Ausweichen mit Ball nach hinten und rechts und nach hinten und links

Um dem Gegner nicht zu zeigen, in welche Richtung ausgewichen wird, kann das Ausweichen angetäuscht werden. Ziel ist es, den Gegner durch angetäuschtes Ausweichen in für ihn ungünstige Richtungen zu locken.

a) Angetäuschtes Ausweichen nach hinten und rechts
Der Ball wird aus der Mitte vor dem Körper nach links bis auf Höhe des linken Fußes gespielt (Entscheidungspunkt, ob weiter nach links ausgewichen wird oder nicht). Dann wird der Ball schräg nach hinten gespielt in Richtung rechter Fuß

(um nach hinten auszuweichen). Dort wird der Ball dann mit der VH aufgenommen und rechts um den Gegner in eigener Angriffsrichtung mit Tempo geführt (Abb. 61).

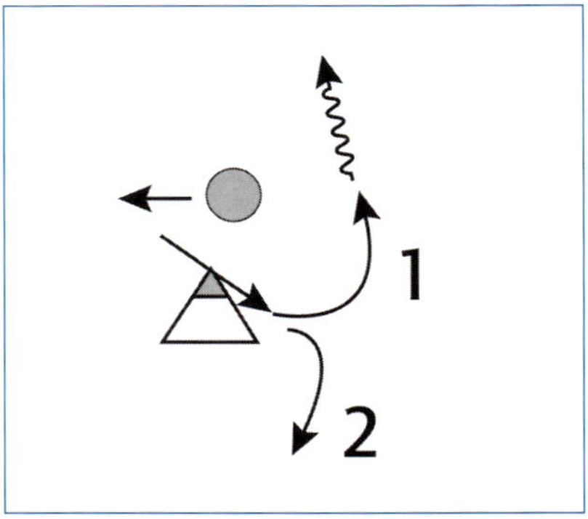

Abb. 61: Angetäuschtes Ausweichen nach hinten und rechts

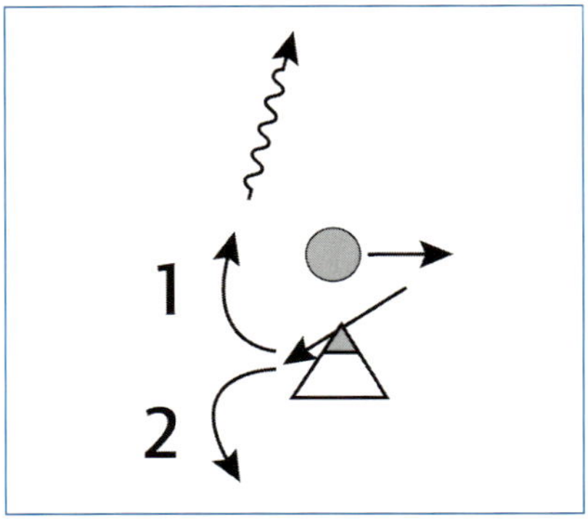

Abb. 62: Angetäuschtes Ausweichen nach hinten und links

Fehler:
Der Ball wird vom Gegner abgefangen, weil die Bewegung zu langsam ist.

Ursache:	**Korrektur:**
Der Ball ist zu weit nach links geführt.	Bis auf Höhe der Füße ziehen.
Der Ball ist zu weit nach hinten geführt.	Bis auf Höhe der Füße ziehen.

b) Angetäuschtes Ausweichen nach hinten und links
Der Ball wird aus der Mitte vor dem Körper nach rechts bis auf Höhe des rechten Fußes gespielt. Dort wird er mit der VH schräg nach hinten in Richtung linker Fuß gespielt. Von hier kann der Ball entweder mit der VH oder der RH links um den Gegner in eigener Angriffsrichtung mit Tempo geführt werden (Abb. 62).

Übung 1
Die Bewegungen sollten ohne Gegner automatisiert werden und als Bewegungsmuster vorliegen.

Übung 2
Ausweichen nach Anspiel und heranlaufendem Gegner.

Übung 3
Ausweichen nach Zuspiel und heranlaufendem Gegner aus verschiedenen Richtungen.

3. Lernschritt: Aufhalten im Ballweg bei gegnerischem Ballbesitz

Ausgangsposition ist der stehende Abwehrspieler, meist frontal zum ballbesitzenden Gegner. Ziel ist es, den Ballweg des Gegners zu erkennen, den Ball aufzuhalten und den gewonnenen Ball zum eigenen Angriff zu nutzen.

Die Abwehrstellung entspricht mit leichter, tiefer Grätschstellung der Bereitschaftsposition. Der Schläger befindet sich vor dem Körper, die Keule ist nahe am Boden. Die linke Hand führt den Schläger aus der Bereitschaftsposition mit der Keule am Boden entweder nach rechts (VH-Brett), nach links RH-Brett) oder vor den Körper (VH-Brett). Dabei soll nicht zum Ball geschlagen werden, sondern der Ball im Ballweg möglichst früh aufgehalten werden. Nach erfolgreichem Aufhalten soll direkt ein Angriff erfolgen. Ist dies nicht möglich, kann ein Ausweichen erfolgen. Steigerung: Das Aufhalten kann vorher angetäuscht werden.

Abb. 63: Aufhalten im Ballweg

Fehler:
Der Ball wird bei der Abwehrbewegung nicht getroffen.

Ursache:
Die Keule (Trefffläche) muss erst zum Boden gebracht werden.

Korrektur:
Schläger am Boden in den Dribbelweg halten.

Fehler:
Es entsteht ein Schlägerfoul.

Ursache:
Es wird versucht, den Ball wegzuschlagen.

Korrektur:
Nur im Ballweg aufhalten.

Übung 1

Der Gegner läuft mit Ball auf den Abwehrspieler zu und führt diesen schräg am Spieler vorbei. Der Abwehrspieler hält den Ball auf und führt ihn in Gegenrichtung.

Übung 2

Der Gegner versucht, den Abwehrspieler durch die Beine oder über VH zu umspielen.

4. Lernschritt: Das Herausspielen des Balls frontal aus dem Ballbesitz des Gegners

Ziel ist es, den Ball aktiv und offensiv aus dem Ballbesitz herauszuspielen. Die Abwehrposition ist frontal zum Gegner, aber so eingerückt, dass die eigene RH abgedeckt ist. Aus der tiefen Bereitschaftsposition wird der Schläger mit der Schlägerfläche nach oben Richtung Ball in Reichweite gehalten. Aus dieser Position wird der Ball kurz und kontrolliert noch vorne, links oder rechts aus der Ballkontrolle des Gegners gespielt (Abwehrstecher). Ein zusätzlicher Ausfallschritt erhöht die Reichweite des Abwehrspielers. Nach erfolgreichem Herausspielen wird ein Gegenangriff gestartet oder ausgewichen, nach missglücktem Versuch soll sofort wieder die Bereitschaftsposition eingenommen werden, um eine nächste Abwehrhandlung zu ermöglichen.

Fehler:
Der Spieler wird durch Vorbeilegen umspielt.

Ursache:
Der Ausfallschritt ist zu groß.

Korrektur:
Nach erfolgtem Ausfallschritt wieder in Bereitschaftsposition gehen.

Fehler:
Nach dem Herausspielen wird häufig die Anschlussaktion vernachlässigt (Gegenangriff, Ausweichen oder neue Position).

Ursache:
Der Ball wird nicht kontrolliert herausgespielt.

Korrektur:
Den Ball nur aus der Kontrolle des Gegners spielen.

Fehler:
Die Reichweite nach vorne wird nicht ausgenutzt.

Ursache:
Die Bereitschaftsstellung ist zu aufrecht.

Korrektur:
Niedriger Körperschwerpunkt und optimaler Ausfallschritt.

Übung 1

Abb. 64: *Herausspielen frontal*

Der Spieler steht in Bereitschaftsposition frontal in Reichweitenabstand zum Ball. Um den Ball liegen rechts, links und in Angriffsrichtung im Abstand von ca. 0,50 m kleine Ziele (Schlägertasche, Hütchen). Nun wird der Ball nach links mit der VH, nach rechts mit der RH und nach vorne mit dem Stecher gespielt.

Übung 2

Ein Gegner führt den Ball auf einer Linie nach rechts und links in einem Bereich von ca. 2 m. Der Abwehrspieler versucht, den Ball aus der frontalen Stellung herauszuspielen.

5. Lernschritt: Das Herausspielen des Balls aus seitlicher Position links zum Gegner

Ist der Abwehrspieler umspielt, kann aber auf gleicher Höhe noch eingreifen, wird oft versucht, den Ball mittels eines Schlags zu erreichen. Stockfouls und Ballverluste sind oft die Folgen. Zudem begibt man sich in eine alles-oder-nichts-Position.

Begleitet man den ballführenden Spieler auf dessen linker Seite (RH-Seite), kann ich den Ball aus der Kontrolle des Gegners herausspielen, indem man den Ball mit dem Schläger zuerst in Laufrichtung schräg nach rechts aus der gegnerischen Ballkontrolle spielt. Diese Aktion kann einhändig links erfolgen, um somit eine größere Reichweite zu erlangen. Nach dem Herausspielen übernimmt man den Ball in die eigene Ballkontrolle durch RH-Führen oder Ausweichen.

Eine zweite Möglichkeit besteht darin, den Gegner so seitlich zu überholen, bis man weiter als Ballhöhe ist. Danach spielt man den Ball mit der RH auf die eigene

Körperseite aus der gegnerischen Ballkontrolle, dreht in Gegenrichtung und bringt den Ball in die eigene Kontrolle (Ausgangsposition muss eine frontale Ballführung des Gegners sein).

Übung 1

Zwei Spieler stehen in Reichweitenabstand nebeneinander. Der rechte Spieler führt den Ball so vor dem Körper, dass der Ball offen geführt wird und ein Üben ermöglicht wird. Der linke Spieler begleitet und spielt den Ball von links seitlich nach rechts, aber noch in Laufrichtung heraus (Abb. 65).

Übung 2

Herausspielen des Balls von links, seitlich nach links in die eigene Körperrichtung. Der Gegner führt den Ball frontal und halbaktiv, sodass ein sinnvolles Üben ermöglicht wird.

Abb. 65: Herausspielen seitlich links

6. Lernschritt: Das Herausspielen des Balls aus seitlicher Position rechts zum Gegner

Die Abwehrposition seitlich rechts zum ballführenden Spieler sollte selten eingenommen werden, da dies auch der Ausholbereich des Ballführenden ist. Dadurch entsteht ein gefährliches Spiel. Ist es doch zu einer solchen Position gekommen, sollte der Abwehrspieler schnell und nah am Gegner agieren.

Der Gegner wird auf seiner rechten Seite begleitet, der Schläger mit der Keule am Boden geführt und im günstigen Moment vor den Ball gebracht. Dabei findet ein Herausspielen aus der gegnerischen Ballkontrolle statt. Zuerst wird der Ball nach links zur Laufrichtung gedrängt, um ihn auf die RH-Seite des Gegners zu bekommen. Ist dies geschehen, soll direkt in Gegenrichtung aufgehalten werden und geführt werden. Hierbei wird das Tempo des Gegners gegen ihn ausgenutzt, da dieser immer noch in der Vorwärtsbewegung ist.

Fehler:
Aus der Schlägerbegleitung wird versucht, den Ball herauszuschlagen. Dadurch sind Stockfouls unvermeidlich.

Ursache:
Der Schläger wird direkt zum Ball geführt.

Korrektur:
Den Ball mit Schläger am Boden begleiten und dann im Ballweg aufhalten.

Abb. 66: Falsch! Herausspielen seitlich rechts mit Stockfoul

Übung

Herausspielen des Balls von rechts und anschließender Gegenangriff. Der Gegner führt den Ball frontal und halbaktiv, sodass ein sinnvolles Üben ermöglicht wird.

7. Lernschritt: Begleitende Abwehr

Die begleitende Abwehr (Abb. 67) setzt sich zusammen aus den individuellen Abwehrtechniken und einer günstigen Abwehrposition zum Gegner, die durch vermehrte Laufarbeit immer wieder an den Gegner angepasst wird. Ein Ziel dieser Technik liegt darin, den ballführenden Gegner solange zu begleiten, bis sich eine gute Abwehrmöglichkeit ergibt. Eine andere Absicht könnte es sein, den Gegner durch geschickte Begleitung in eine für ihn ungünstige Position zu drängen, und ihn dadurch zu unüberlegten Ersthandlungen zu veranlassen. Bei der taktischen Anwendung der begleitenden Abwehr ist die risikoreiche oder -arme Position auf dem Spielfeld zu beachten.

Abb. 67: Begleitende Abwehr

Folgende Punkte sollten beachtet werden:

- Die günstigste Position für ein erfolgreiches Abwehren ist die VH-Position des Abwehrspielers. Er sollte sich daher nicht frontal vor dem Gegner befinden, sondern seitlich so eingerückt, dass der Weg über die RH-Seite versperrt ist und über die VH-Seite offen aussieht.
- Der Abwehrspieler muss zum Gegner einen Reichweitenabstand einnehmen, um angetäuschte Aktionen durchführen zu können.
- Der Abwehrspieler muss das Tempo des Gegners aufnehmen, um ihn so lange wie nötig zu begleiten.
- Die erfolgreichsten Abwehrtechniken innerhalb der begleitenden Abwehr sind Aufhalten und Herausspielen.

Übung 1

Erlernen der Lauftechnik des Rückwärts-/Seitwärtsbegleitens. Ein Spieler läuft in Torrichtung. Der Übende läuft aus verschiedenen Richtungen an, nimmt die Abwehrposition ein und begleitet.

Übung 2

Der ballbesitzende Gegner versucht, durch einen Spielraum (Viereck 5 x 10 m) zu gelangen. Der Abwehrspieler nimmt seine begleitende Abwehrposition ein und passt sich der Geschwindigkeit des Gegners an und wehrt den Angriff durch das Viereck ab. Das Anlaufen zum Gegner kann aus verschiedenen Richtungen erfolgen.

Übung 3
Gleiche Übung ohne Viereck.

Fehler:
Die Abwehrspieler sind zu ungeduldig. Sie wenden zu früh ihre Abwehrtechnik an.

Ursache:
Lauftechnik ist zu schnell.

Korrektur:
Reichweitenabstand erhöhen.

2.5 Umspielen

Jeder Spieler muss in der Lage sein, einen Gegner zu umspielen. Nur dadurch eröffnet er sich aussichtsreiche Torchancen und Überzahlverhältnisse. Einfaches und angetäuschtes Umspielen gehört zu den Stärken von Spielerpersönlichkeiten. Trainiert werden sollte stets in folgender methodischer Reihenfolge:

- Element erlernen gegen passiven Gegner.
- Element festigen gegen halbaktiven Gegner.
- Elemente variabel anwenden gegen aktiven Gegner.

2.5.1 LTZ 11 Umspielen

Das Umspielen gliedert sich in drei wesentliche Handlungsabläufe:

Vorbereitungsaktion: Den Ball frontal vor dem Körper führen oder ihn in diese Position bringen, um ein in alle Spielrichtungen offenes Umspielen zu ermöglichen.
Umspielen: Den Ball am Gegner vorbeibringen.
Nachaktion: Den Ball mit Tempo vom Gegner weg und zum Ziel hinführen.

Dabei ist es entscheidend, das Tempo optimal zu gestalten:

Anlaufphase:	**schnell**
Vorbereitungsphase:	**bedacht**
Vorbeilegen/-laufen:	**explosiv**
Weiterlaufen:	**schnell**

Im Wesentlichen hängt erfolgreiches Umspielen neben der technischen Sicherheit vom Erkennen der Abwehrposition und des Abwehrverhaltens des Verteidigers ab.

1. Lernschritt: Umspielen durch Vorbeilegen des Balls

Die wohl einfachste Form des Umspielens ist das *Vorbeilegen*. Dabei legt der Spieler den Ball aus der frontalen Ballführung vor der Reichweite am frontal stehenden Verteidiger vorbei. Der Spieler kann drei Arten des Vorbeilegens anwenden:

- Er legt den Ball über die VH-Seite des Verteidigers vorbei und läuft ebenfalls an der VH-Seite vorbei (Schnelligkeit).
- Er legt den Ball auf der RH-Seite des Gegners vorbei und läuft auf der VH-Seite vorbei.
- Er legt den Ball durch die Beine des Gegners und läuft auf der VH-Seite des Verteidigers vorbei.

Fehler:
Der Ball wird nach dem Vorbeilegen nicht wieder unter Kontrolle gebracht.

Ursache:
Der Ball wird zu schnell und zu weit am Gegner vorbeigelegt.

Korrektur:
Den Anlauf mit Ball langsamer und bedachter ausführen. Den Ball hinter dem Gegner wieder erlangen.

Übung 1

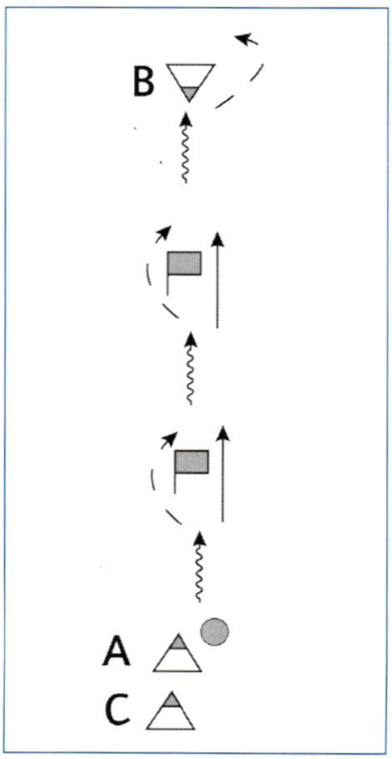

Jeweils zwei Spieler stehen sich im Abstand von 10 m gegenüber. Auf dem Weg stehen zwei Markierungen. Spieler A führt den Ball und umspielt nacheinander die beiden Markierungen durch Vorbeilegen, gibt den Ball dann an Spieler B ab und stellt sich an. Spieler B bringt den Ball auf die gleiche Art zurück und übergibt ihn an Spieler C.

Übung 2

Ein Spieler führt den Ball und umspielt entweder durch die Beine des Verteidigers oder am linken Fuß vorbei. Der im Stand aktive Verteidiger versucht, die richtige Seite abzudecken. Nach erfolgtem Umspielen passt der ballbesitzende Spieler den Ball zum Verteidiger zurück. Der Verteidiger wird Angreifer, der Angreifer wird Verteidiger.

Abb. 68: Umspielen durch Vorbeilegen

2. Lernschritt: Einfaches Umspielen über die RH-Seite des Gegners (nach rechts) und über die VH-Seite des Gegners (nach links)

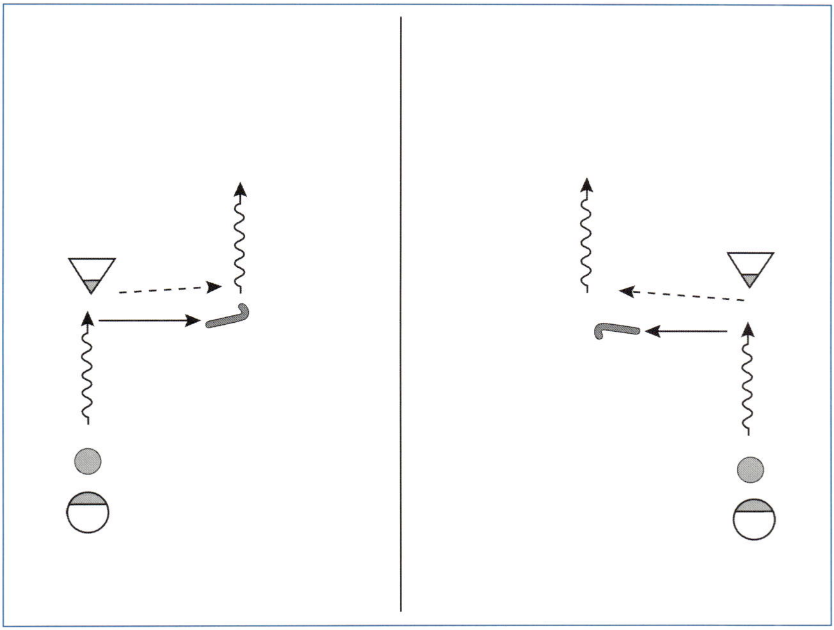

Abb. 69: Umspielen rechts/Umspielen links

Der Spieler führt den Ball frontal vor dem Körper oder bringt den Ball kurz vor dem Umspielen in diese Position. Er stellt die RH (oder VH) senkrecht neben den Ball und zieht ihn quer zur Laufrichtung an der seitlichen Reichweite des Verteidigers rechts (Abb. 69) oder links vorbei. Danach nimmt er den Ball mit der VH (oder RH) auf und führt ihn in Zielrichtung weiter. Beim Umspielen muss stets auf eine frontale Position zum Gegner geachtet werden.

Beim Umspielen über die VH-Seite des Gegners gibt es noch eine zusätzliche, taktisch begründete Möglichkeit, den Ball am Gegner vorbeizuspielen. Die Ausgangsposition des Balls ist nicht mitten vor dem Körper, sondern in Reichweite rechts vom Körper. Die Reichweite ist so bemessen, dass der Schläger nicht mehr senkrecht zum Ball stehen kann, sondern so weit rechts liegt, dass der Ball in die Keulenrundung eingehängt wird. Dabei zeigt die flache Schlägerseite zum Boden. Diese Art des eingehängten Umspielens muss unbedingt explosiv erfolgen.

Fehler:
Der Ball landet beim Ziehen in der Reichweite des Gegners.

Ursache:
Der Ball wird schräg nach vorne gezogen.

Korrektur:
Quer zur Laufrichtung ziehen.

Fehler:
Das Umspielen wird vom Gegner zu früh erkannt.

Ursache:
Beim Umspielen wird eine seitliche Stellung zum Gegner eingenommen.

Korrektur:
Frontal bleiben und den Ball erst am Körper vorbeilaufen lassen.

Übung 1

Der Spieler befindet sich im Stand und hat einen Ball frontal vor dem Körper liegen. Der Ball wird aus dem Stand mit der RH nach rechts an einem liegenden Schläger vorbei (Abwehrreichweite des Verteidigers) gezogen. Dann wird der Ball mit der VH nach vorne am Schläger (des Gegners) vorbeigeführt.

Übung 2

Gleiche Übung wie 1, aber der Spieler geht aus drei Metern auf den Ball zu. Angekommen in der Ausgangsposition des Umspielens, wird aus dem Angehen ein Umspielen rechts vollzogen. Dabei befindet sich der linke Fuß in vorderer Position.
Variation: Das Angehen wird durch Anlaufen ersetzt.

Übung 3

Aus der Ballführung wird der Ball vor den Körper gebracht und es folgt ein Umspielen rechts.

Übung 4

Zwei Gruppen à zwei Spieler stehen sich in 10 m Entfernung gegenüber. Dazwischen sind zwei (drei) Abwehrspieler (halbaktiv, d.h. andeuten der Reichweite) postiert. Spieler A umspielt beide Abwehrspieler und bringt den Ball zu Spieler B, der den Ball in der gleichen Weise zurückbringt usw.

3. Lernschritt: Umspielen mit Täuschungen

Als zusätzliche Erschwernis für den Verteidiger beim Umspielen kann der Umspielversuch mit Täuschungen verbunden werden. Folgende Möglichkeiten gibt es:

a) Täuschung durch den Körper
Ein Andeuten mit dem Körper in eine andere Richtung. Hierbei wird durch einen Ausfallschritt oder durch eine Bewegung des Oberkörpers getäuscht.

Abb. 71

Abb. 72

b) Täuschung durch den Schläger (Abb. 71)
Ein Stellen des Schlägers begleitend neben dem Ball, um ein Abspiel anzutäuschen. Ein Abspiel absichtlich am Ball vorbei (Wischer).

c) Täuschung durch Ballführung
Ein Führen des Balls in eine andere Richtung als diejenige, die das Ziel sein soll.

d) Täuschung durch Umspielen (Abb. 72)
Umspielen zur Seite antäuschen, abbrechen und Umspielen in andere Richtung anwenden.

Beim Anwenden der Täuschungen soll deutlich auf die Unterschiede der verschiedenen Arten hingewiesen werden. Wichtig ist die schon frühe unterschiedliche Anwendung. Daraus ergibt sich Spielwitz und Kreativität des Spielers.

Übung 1
Der Verteidiger deckt auf einer Linie eine Entfernung von ca. 6-8 m ab. Der Spieler versucht, (zuerst ohne, dann) mit Ball durch Täuschungen über diese Linie zu kommen.

Übung 2
Der Angreifer versucht, durch einen Spielraum (3 x 5 m) hindurch den Ball mittels Umspielen an einem Verteidiger vorbei zu einem Ziel zu bringen. Das Ziel kann eine Markierung oder ein Tor sein.

4. Lernschritt: Umspielen bei seitlicher Abwehrposition

Bei seitlicher Abwehrposition versucht der Spieler, mit Ball den Verteidiger in ungünstige Positionen zu führen, um ihn dann explosiv zu umspielen. Meist wird dieses Umspielen im hohen Tempo durchgeführt. Dabei wird versucht, den inneren, direkten Weg zu wählen und dem Gegner den kurzen Weg abzuschneiden.

2.6 Zweikampfschulung

2.6.1 LTZ 12 Zweikampfschulung

Aus erfolgreichen Abwehraktionen entwickelt sich zwangsläufig auch oft ein Umspielen. Aus nicht erfolgreichem Umspielen ergibt sich fast automatisch eine Abwehrposition. Dieses Hin und Her endet in kurzen oder längeren Zweikämpfen um den Ball. Voraussetzung für ein gutes Zweikampfverhalten ist die Fertigkeit, schnell auf eine andere Technik umschalten zu können. Optimales Zweikampfverhalten verlangt die sichere Ausführung der Technik auch unter Belastungen und ein sehr gutes Beobachtungsvermögen. Voraussetzung ist die grobe Beherrschung des Umspielens und der Abwehrtechniken.

1. Lernschritt: Ballkontrolle und Zweikampf in eine Richtung

Ziel ist es, den Ball zu kontrollieren und ihn vor dem Zugriff des Gegners zu schützen.

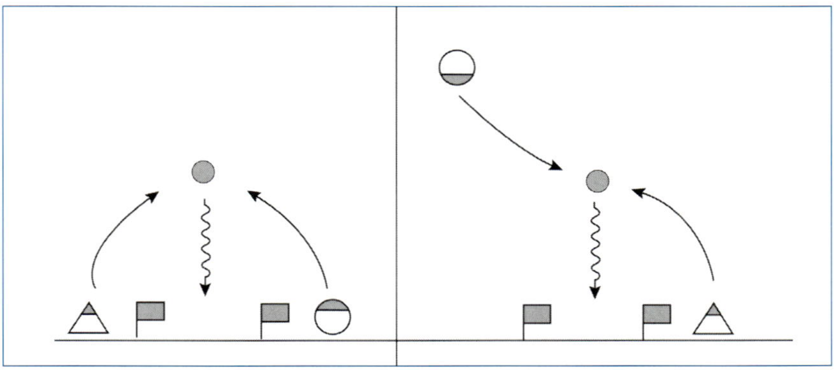

Abb. 73: Ball ins Tor holen aus verschiedenen Richtungen

Übung 1

Links und rechts neben einem Tor steht jeweils ein Spieler. Sie versuchen, einen 5 m entfernten Ball auf Kommando in ein Tor zu führen und dies für den Gegner zu verhindern.

Übung 2

Gleiche Übung wie 1. Nur die Anlaufpositionen in Richtung Ball liegen sich gegenüber.

Übung 3

Gleiche Übung wie 1. Die Anlaufrichtung erfolgt seitwärts auf den Ball zu.

2. Lernschritt: Ballkontrolle und Zweikampf mit zwei Toren

Übung 1

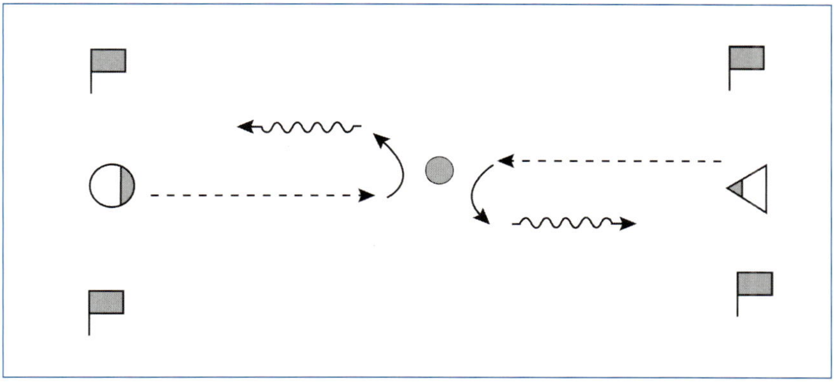

Abb. 74: Gegeneinander Ball ins Tor holen auf zwei Tore

Zwei Tore stehen sich in 10 m Entfernung gegenüber, der Ball liegt in der Mitte. Jeder Spieler bemüht sich, aus seinem Tor startend, den Ball ins eigene Tor zu holen.

Übung 2

Gleiche Übung wie 1. Jeder Spieler spielt ins gegenüberliegende Tor und verteidigt sein eigenes.

Übung 3

Der Ball liegt in der Mitte zwischen zwei Toren. Jeweils ein Spieler versucht, den Ball in das gegnerische Tor zu führen und das eigene Tor zu verteidigen. Der Anlauf zum Ball nach Kommando findet von der Seite statt.

Variation: Beide Spieler starten von derselben Seite.

3. Lernschritt: Ballkontrolle und Zweikampf im freien Spiel

Ziel ist es, sein Zweikampfverhalten mit den Mitspielern abzustimmen.

Übung 1

Auf einem Spielfeld stehen in 10 m Entfernung zwei Tore gegenüber. Ein Spieler der Mannschaft A und ein Spieler der Mannschaft B kämpfen um den Ball und versuchen, ein Tor zu erreichen (Torschusszone ca. 1 m). Ist dies erfolgt, erhöht sich die Spielerzahl pro Mannschaft um jeweils einen Spieler. Nach einem weiteren Tor wiederum. Fällt das dritte Tor, reduziert sich die Spielerzahl im gleichen Rhythmus.

2.7 Torwartspiel

2.7.1 LTZ 13 Torwartspiel

Der Torwart nimmt in jeder Mannschaft eine Sonderstellung ein, die sowohl seine Ausrüstung als auch sein Training und seine Aufgaben im Spiel betreffen.

Der Torwart muss besonders die folgenden, allgemein-motorischen Fertigkeiten schulen:

- Grundlagenausdauer
- Schnelligkeit
- Beweglichkeit
- Gewandtheit
- Koordination
- Reaktionsschnelligkeit.

Der Torwart sollte psychische Stärke erlangen, deren Anwendung sich mit folgenden Schlagworten kennzeichnen lässt:

- Mut
- Entschlossenheit
- Gegentore verarbeiten.

Neben einem guten Stellungsspiel und richtigem taktischen Verhalten ist vor allem das Erlernen der vielfältigen Torwarttechniken Voraussetzung für ein gutes Torwartspiel.

Die günstigste Organisationsform für das Torwarttraining ist das Einzeltraining; in der Trainingspraxis wird aber häufiger ein gemeinsames Training für Feldspieler und Torwart durchgeführt. Viele Übungsformen ermöglichen ein sinnvolles Einbeziehen von beiden Seiten, Torschusstraining auf der einen Seite, Torwarttraining auf der anderen Seite.

1. Lernschritt: Torwarttechniken

a) Das Anhalten des Balls

Der Torwart kann den Ball mit den Füßlingen, den Schienen, dem Schläger, der Hand und dem ganzen Körper abwehren. Das Anhalten des Balls mit den Füßen erfolgt mit der Fußsohle, der Innen- oder Außenseite eines Fußes oder in geschlossener Fußstellung mit beiden Füßen. Bälle, die sehr platziert in die Torecken gespielt werden, können nur durch eine weite Grätsche gehalten werden.

Wichtig ist die Körpervorlage und das Neigen der Stoppfläche nach unten.

Abb. 75: Das Anhalten des Balls

b) Das Kicken des Balls

Der Ball kann mit dem Innen- und dem Außenrist gekickt werden. Dies kann sowohl nach dem Anhalten, aber auch direkt ohne Anhalten sowie aus dem Stand oder dem Lauf erfolgen. Der Kick mit weit anschwingendem Fuß ist die härteste Art, den Ball zu kicken, wogegen das Spielen mit dem Innenrist mit wenig Ausholbewegung und flach am Boden schwingend zielgenauer erfolgen kann.

Bei allen Kicktechniken liegt das Gewicht auf dem Standbein. Das Spielbein holt aus, trifft den Ball neben dem Standbein und das Knie wird aktiv nach vorne oben hochgezogen. Beim Kick mit dem Innenrist ist die Aushol- und Ausschwungphase größer als beim Außenristkick.

Abb. 76: Das Kicken des Balls

Beim wichtigen Innenristkick wird der Fuß des Spielbeins in der Ausholbewegung nach außen gedreht und die Fußspitze aktiv angezogen. Besonders wichtig ist es, dass die Torhüter diese Techniken mit beiden Beinen gleich gut beherrschen.

Übung 1

Zwei Torhüter stehen sich mit einem Ball gegenüber und kicken sich den Ball im Stand zu. Die verschiedenen Stopp- und Kicktechniken sollen in Ruhe geübt werden, zuerst im engen, später im weiten Körperbereich.

Übung 2

Die Torhüter haben jeder einen Ball und kicken den Ball zuerst im Gehen und später im Laufen vor sich her; nur mit dem linken, dann mit dem rechten Fuß und schließlich immer abwechselnd. Wer bewältigt die Strecke zwischen Mittel- und Torauslinie am schnellsten? Wer hat auf dieser Strecke die meisten Ballkontakte?

Übung 3

Zwei Torhüter stehen sich in ca. 10 m Entfernung jeweils in ca. 4 m breiten Hütchentors gegenüber. Wer kickt die meisten Tore: 1. nach vorherigem Stoppen, 2. direkte Kicks, 3. mit dem rechten, 4. mit dem linken Fuß?

c) Die Schlägerabwehr

Zur Abwehr hoher, halbhoher und flacher Bälle auf der rechten Seite des Torwarts wird die Schlägerabwehr angewandt. Der Torwart hält den Schläger rechts vom

Körper. Die flache Schlägerseite zeigt nach vorne und ist leicht nach vorne unten geneigt. Beim Auftreffen des Balls muss der Schläger bewegungslos gehalten werden. Der Ball sollte fast senkrecht nach unten fallen oder seitlich abprallend abgewehrt werden.

Abb. 77: Die Schlägerabwehr

Übung 1

Ein Spieler wirft dem TW leichte Bälle auf die Schlägerseite, der TW soll die Bälle halten und nach außen wegkicken.

Übung 2

Ein Spieler schlenzt dem TW Bälle in unterschiedlicher Härte und Höhe auf die Schlägerseite; der TW soll die Bälle abwehren und gezielt in kleine Tore kicken.

d) Die Handabwehr

Bei der Handabwehr des Torwarts unterscheidet man die Abwehr auf der rechten und der linken Seite.

Handabwehr auf der linken Seite des Torwarts (Abb. 78)

Der Arm des TW wird seitlich am Körper nach oben zum Ball geführt. Der Ball trifft die Handschuhinnenfläche und soll fast senkrecht nach unten oder seitlich abprallend abgewehrt werden.

Abb. 78: Handabwehr linke Seite

Abb. 79: Handabwehr rechte Seite

Handabwehr auf der rechten Seite des Torwarts (Abb. 79)
Die linke Hand wird seitlich am Körper hochgeführt, bis der Arm senkrecht nach oben zeigt, wobei die Handinnenfläche in Schussrichtung zeigt. Danach wird der Arm über dem Kopf nach rechts geführt (Arm nicht durch das Gesichtsfeld nach rechts führen!). Durch eine Seitbeugung des Oberkörpers nach rechts kann die Reichweite vergrößert werden. Der Ball wird mit der Handschuhinnenfläche seitlich abprallend abgewehrt.

Handabwehr mit dem Schlägerhandschuh
Die rechte Hand wird seitlich am Körper hochgeführt, bis die Handschuhinnenfläche in Schussrichtung zeigt. Durch eine Seitbeugung des Oberkörpers nach rechts kann die Reichweite vergrößert werden. Der Ball wird mit der Handschuhfläche seitlich nach rechts abprallend abgewehrt.

Abb. 80: Handabwehr mit dem Schlägerhandschuh

Übung 1 und 2: Siehe Schlägerabwehr.

Übung 3
Der Torwart steht ohne Schläger im Tor und soll die rechte Hand auf der Hüfte fixieren. Ein Spieler schlenzt hohe Bälle nach rechts und links und der Torwart soll nun gezwungen werden, ausschließlich mit der Hand abzuwehren.

e) Die kombinierte Abwehr
Bei der kombinierten Abwehr unterscheiden wir drei Techniken:

1. Kombinierte Hand-Schläger-Abwehr (Abb. 81)

Zur sicheren Abwehr sollten die Bälle, die nahe am Körper zwischen Hüft- und Schulterhöhe gespielt werden, mit der kombinierten Hand-Schläger-Abwehr gehalten werden. Ziel ist es hierbei, die Abwehrfläche des Torwarts zu vergrößern.

Zur Abwehr der Bälle, die auf die Schlägerseite gespielt werden, nimmt der TW über den Schläger noch die Fanghand. Zur Abwehr der Bälle, die auf die Handseite gespielt werden, hält der TW die Rückhandseite des Schlägers über die Fanghand.

Abb. 81

Abb. 82

2. Kombinierte Fuß-Schläger-Abwehr (Abb. 82)

Bälle, die bis Hüfthöhe auf die rechte Abwehrseite des Torwarts gespielt werden, sollen durch die kombinierte Fuß-Schläger-Abwehr gehalten werden. Ziel ist es wiederum, die Abwehrfläche zu vergrößern, wobei die Schiene zum Ball geht und der Schläger unmittelbar über die Schiene gehalten wird.

3. Kombinierte Fuß-Hand-Abwehr (Abb. 83)

Bälle, die bis Hüfthöhe auf die linke Abwehrseite des Torwarts gespielt werden, sollen durch eine kombinierte Fuß-Hand-Abwehr gehalten werden. Die Schiene geht zum Ball und die geöffnete Hand wird unmittelbar über die Schiene genommen. Ziel ist wiederum die Vergrößerung der Abwehrfläche.

Abb. 83

Übung 1

Die verschiedenen kombinierten Abwehrtechniken werden einzeln geübt, zuerst durch geworfene, dann durch geschlenzte Bälle.

Übung 2

Ein Spieler schlenzt Bälle zwischen Knie- und Kopfhöhe auf das Tor. Der Torwart soll situativ richtig entscheiden und die jeweils angemessene kombinierte Technik anwenden.

2. Lernschritt: Stellungsspiel

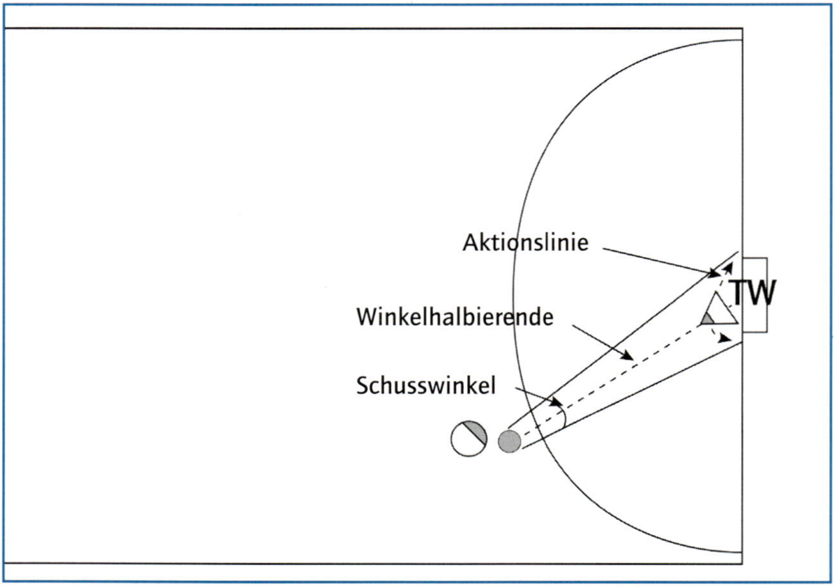

Abb. 84: Stellungsspiel

Das richtige Stellungsspiel des Torwarts vor der Torlinie und im Schusskreis ist Voraussetzung für erfolgreiche Abwehraktionen.

Der wichtigste Grundsatz für den TW ist, immer so zu stehen, dass er Ball, Gegner und Schläger des Gegners sehen kann. Darauf muss er seine Position situationsgerecht verändern, um den optimalen Standort einzunehmen.

Der TW sollte immer auf dem Schnittpunkt von Aktionslinie und Winkelhalbierender stehen.

Übung
Die Spieler führen nacheinander ihren Ball auf der Schusskreislinie und sollen mal später, mal früher aufs Tor schieben oder schlagen. Der TW bewegt sich auf der Aktionslinie, sodass er zum Schützen die bestmögliche Abwehrposition einnimmt.

3. Lernschritt: Taktisches Verhalten

Zum taktischen Verhalten eines Torwarts zählt die richtige Handlungsweise in folgende Situationen:

- Unterzahlabwehr
- Strafeckenabwehr
- 7-m-Abwehr.

Die jeweiligen Torwarthandlungen werden in den entsprechenden Kapiteln oder in spezieller Literatur angesprochen.

2.8 Freilaufen und Passen

2.8.1 LTZ 14 Freilaufen und Passen

Um eine gute Mischung aus individuellem Spiel und Kombinationsspiel zu erreichen, ist es notwendig, dass sich Mitspieler freilaufen. Entscheidendes Kriterium für ein Gelingen des Abspiels zu einem freigelaufenen Mitspieler ist das Laufen und Passen außerhalb der Reichweite des oder der Gegner.

1. Lernschritt: Freilaufen und Passen außerhalb der Reichweite

Das taktische Ziel ist es, statt eines Einzelangriffs ein Abspiel anzuwenden. Dies geschieht nur außerhalb der Reichweite des Gegners. Das Spiel muss sicher, genau und schnell sein. Ballabgabe und die Verbindung Ballannahme und Ballabgabe ist von hoher Bedeutung und sollte grob beherrscht werden.

Übung 1
Um ein Viereck (5 x 5 m) herum spielen sich drei Spieler im Uhrzeigersinn den Ball zu. Der Ball darf jeweils nur an den Eckpunkten angenommen und weitergespielt

werden. Da ein Spieler fehlt, um den Kreis zu schließen, müssen im Gegenuhrzeigersinn Positionswechsel erfolgen. *Variation:* Die Passrichtung erfolgt umgekehrt.

Fehler:
Das Stoppen-Passen an einer Position ist zu langsam.

Ursache:
Der Ball wird gestoppt, damit wird dem Spiel die Dynamik genommen.

Korrektur:
Der Ball muss kontrolliert angehalten werden und dabei schon in die neue Passrichtung abspringen.

2. Lernschritt: Freilaufen und Passen außerhalb der Reichweite gegen Gegenspieler

Übung 1

Um ein Viereck spielen sich drei Spieler einen Ball zu. Es darf nicht durch das Viereck gespielt werden. Ein Verteidiger bewegt sich im Viereck und darf mit dem Schläger außerhalb des Vierecks angreifen. Es muss sich so freigelaufen werden, dass der Ballbesitzende immer zwei Abspielmöglichkeit hat, eine nach rechts und eine nach links.

Abb. 85: Freilaufen gegen Gegner

Übung 2

Drei Spieler passen sich innerhalb des Vierecks den Ball zu. Der Verteidiger darf sich vom Mittelpunkt nur mit Schlägerreichweite und Ausfallschritt bewegen. Die Größe des Vierecks muss so bemessen sein, dass genaues Abspiel noch gerade möglich ist. Das Abspiel sollte möglichst in zwei Richtungen möglich sein.

Abb. 86: Freilaufen im Viereck mit Gegner

3. Lernschritt: Freilaufen und Passen außerhalb der Reichweite gegen einen aktiven Gegenspieler

Übung

In einem begrenzten Raum spielen drei Angreifer gegen einen Abwehrspieler. Gewinnt der Abwehrspieler den Ball, wird er zum Angreifer und Angreifer A wird Abwehrspieler. Beim nächsten Ballverlust der Angreifer wird Angreifer B Abwehrspieler usw.

4. Lernschritt: Freilaufen und Passen außerhalb der Reichweite zu viert gegen zwei Gegenspieler

Es sollten immer drei verschiedene Abspielmöglichkeiten bestehen.

Übung 1

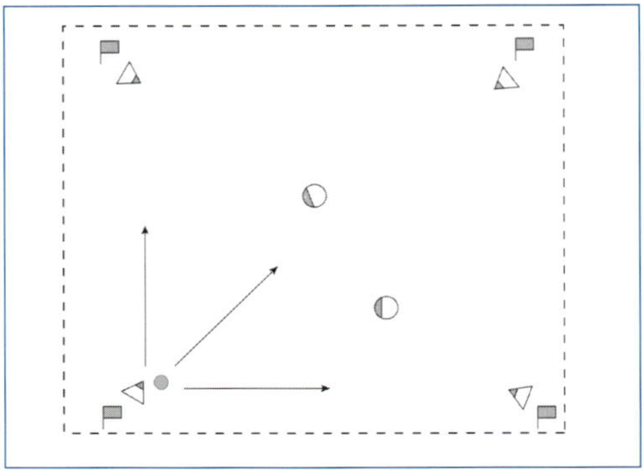

Abb. 87: 4:2

In einem Viereck stehen vier Spieler und passen sich einen Ball zu. Zwei Verteidiger versuchen, das Zuspiel zu unterbinden und den Ball unter Kontrolle zu bekommen. Die Verteidiger müssen den Ballbesitzenden angreifen.

Übung 2

Gleiche Übung wie 1. Pro Spieler sind nur zwei Ballkontakte erlaubt.

5. Lernschritt: Freilaufen und Passen außerhalb der Reichweite zu fünft gegen drei Gegenspieler

Übung 1

Die Übung erfolgt genauso wie unter 4. Der fünfte Spieler steht im Mittelpunkt des Vierecks. Drei Verteidiger versuchen, den Ball zu gewinnen.

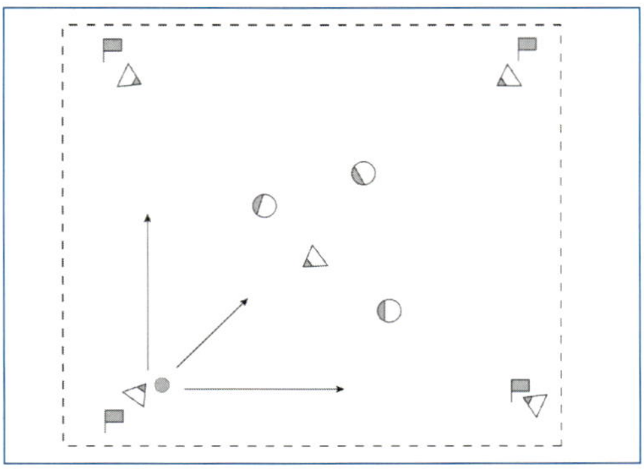

Abb. 88: 5:3

2.9 Kombinationen zu zweit

2.9.1 LTZ 15 Kombinationen zu zweit

Während die individuelle Taktik die Anwendung der technischen Fertigkeiten umfasst, gehören in den Bereich der kollektiven Taktik die gemeinschaftlich ausgeführten Angriffs- und Abwehraktionen, unter anderem auch das Kombinationsspiel. Diese Kombinationen laufen in oft wiederkehrenden Bewegungsmustern ab und sind somit gut zu festigen.

1. Lernschritt: Schrägpasskombination

Zwei Spieler, die auf gleicher Höhe laufen, überbrücken den Raum am schnellsten mit Ball durch Schrägpässe. Ein Schrägpass soll nach vorne in den Lauf und in den Schläger des Mitspielers erfolgen. Schnelligkeit steht vor Genauigkeit. Der Ball sollte möglichst mit der VH angenommen werden. Kommt der Ball von rechts, so ist auch eine Ballannahme vor dem Körper mit der RH möglich. Diese Annahme ist risikoreicher, aber sie bringt eine gute Ausgangsposition für ein Weiterspielen mit sich.

Fehler:
Der annehmende Spieler muss auf den Ball warten.

Ursache:	**Korrektur:**
Der Ball wird auf den Punkt gespielt, an dem sich der Mitspieler befindet.	Die Laufgeschwindigkeit des Partners einberechnen.

ÜBUNG 1

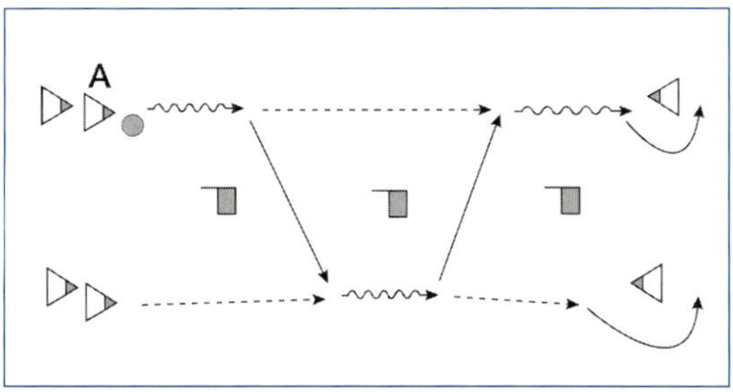

Abb. 89: Schrägpässe

Über die Breite des Feldes in jedem Spielviertel stehen 2-3 Markierungen im Abstand von ca. 10 m. Ein Paar muss jetzt mit Schrägpässen zwischen den Markierungen den Ball auf die gegenüberliegende Seite bringen.

2. Lernschritt: Querpasskombination

Der Ball wird von einem zum anderen Spieler mit einem Pass quer zur Laufrichtung gespielt. Damit der ballannehmende Spieler den Ball nicht im Stehen annimmt (Dynamikverlust), muss dieser so weit hinter dem ballabgebenden Spieler bleiben (versetzt laufen), bis dieser gespielt hat. Nun kann der Mitspieler den Ball im Laufen annehmen und verliert keine Geschwindigkeit. Genauigkeit geht vor Schnelligkeit.

Fehler:
Der Mitspieler bekommt den Ball in den Rückraum gespielt.

Ursache:
Der Mitspieler läuft zu schnell mit.

Korrektur:
Versetzt mitlaufen.

Fehler:
Der Ball wird nicht korrekt gestoppt.

Ursache:
Der Schläger wird beim Mitlaufen in Hüfthöhe gehalten.

Korrektur:
Der Schläger muss am Boden geführt werden.

Übung 1

Wie im ersten Lernschritt (Abb. 90).

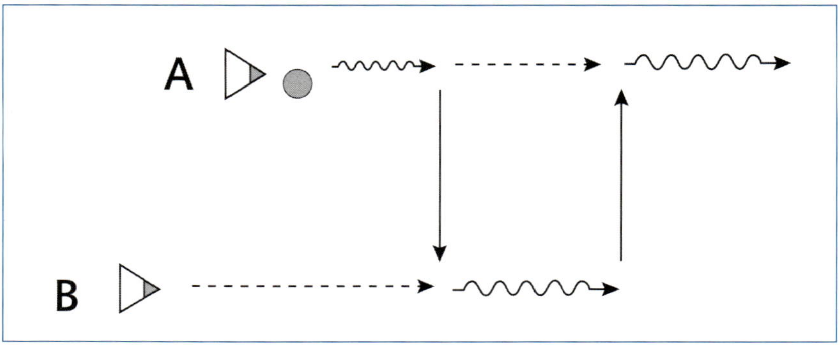

Abb. 90: Querpässe

Übung 2

Wie im ersten Lernschritt. Jetzt stehen an den Markierungen auch Verteidiger, die den Ball im Stand abfangen dürfen.

3. Lernschritt: Querpass-Schrägpasskombination (Doppelpass)

Diese Kombination aus Quer- und Schrägpass wird dann gespielt, wenn das Spiel durch Kombinationen schnell gemacht werden soll.

Übung 1

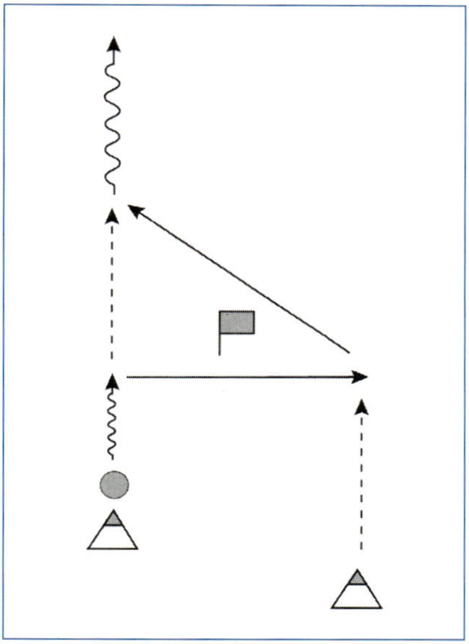

Der Ballführende läuft auf einen passiven Verteidiger zu und spielt kurz vor der Reichweite einen Querpass zu einem Mitspieler nach rechts und läuft gerade weiter. Der Mitspieler nimmt den Ball an und spielt ihn schräg in den Lauf und Schläger zurück. Dieser nimmt den Ball auf, dreht sich in die entgegengesetzte Laufrichtung und macht die Kombination nach links zurück.

Abb. 91: Quer-Schrägpass

Übung 2

Wie Übung 1. Nur wird der Ball vom Mitspieler direkt weitergespielt.

Übung 3

Wie Übung 1. Der Mitspieler läuft aus verschiedenen Richtungen zu seinem Anspielpunkt an.

4. Lernschritt: Steilpasskombination

Ein Steilpass erfolgt geradeaus in Laufrichtung zu einem Mitspieler. Um einen zweiten Steilpass folgen zu lassen, muss ein Positionswechsel der Spieler erfolgen (Abb. 93).

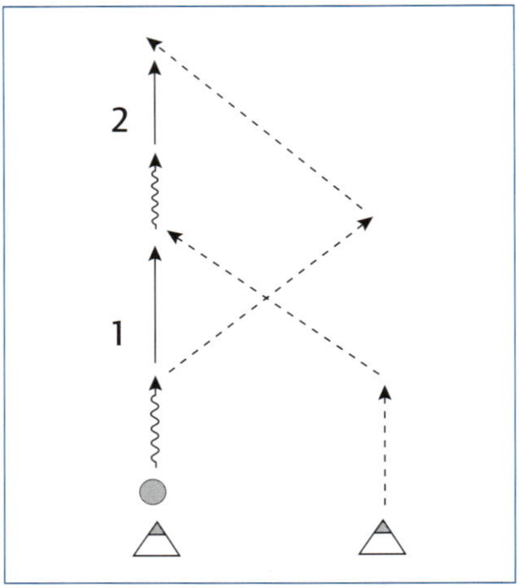

Abb. 92: Steilpass

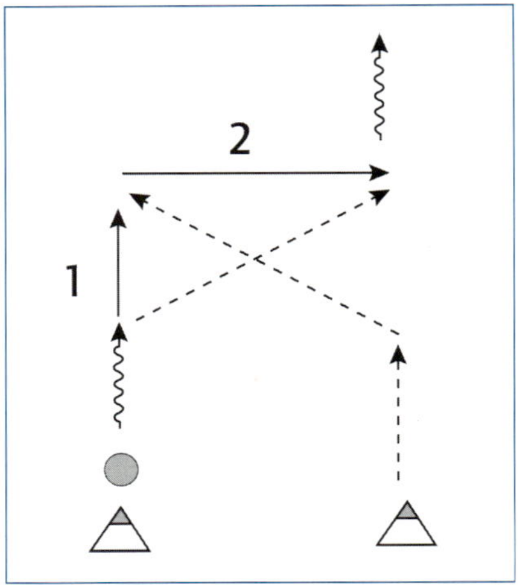

Abb. 93: Gespielter Positionswechsel

Übung 1

Zwei Spieler spielen sich den Ball über die Spielfeldbreite mit Steilpässen zu.

5. Lernschritt: Steil-/Querpasskombination (gespielter Positionswechsel)

Bei dieser Kombination muss nach dem Pass ein Positionswechsel der Spieler erfolgen, um so wieder eine parallele Ausgangsposition aufzubauen. Durch den Positionswechsel wird der Abwehrspieler zusätzlich gefordert. Bei dieser Kombination wird zuerst der Pass gespielt und dann der Positionswechsel durchgeführt. Der Spieler ohne Ball fordert durch seinen Laufweg den Ball (Abb. 93).

Fehler:
Der Partner kreuzt vor dem Ballführenden die Position.

Ursache:
Zu frühes Starten des Mitspielers.

Korrektur:
Hinter dem Ballführenden kreuzen.

Übung 1

Zwei Spieler stehen im Abstand von 3 m nebeneinander. Der Spieler mit Ball spielt aus der Ballführung einen Steilpass nach vorne. Der Mitspieler läuft in die Steilposition zum Ball, nimmt den Ball an und spielt ihn quer zu dem hinter ihm wechselnden Spieler.

Übung 2
Gleiche Übung wie 1. Zuerst wird der Querpass gespielt, dann der Steilpass.

6. Lernschritt: Positionswechsel mit Ball

Beim geführten Positionswechsel ist es für den Gegenspieler sehr schwer zu unterscheiden, ob noch abgespielt wird oder nicht mehr. Dies ist die wohl variabelste Form der Zweierkombination.

Übung 1:
Zwei Spieler stehen auf gleicher Höhe nebeneinander. Der Linke hat den Ball. Der Ballführende startet und führt den Ball schräg nach vorne rechts. Der Mitspieler wechselt plötzlich hinter dem Ballführenden die Position, sodass der Ball quer nach links gespielt werden kann (Abb. 94).

Variation: Der Querpass erfolgt nicht nach links, sondern nach rechts. Der Ballführende muss also von rechts nach links führen.

Übung 2
Die gleiche Übung gegen einen halbaktiven Gegenspieler. Der Querpass erfolgt vor der Reichweite des Verteidigers.

Übung 3
Positionswechsel gegen einen aktiven Gegner.

Abb. 94: Positionswechsel mit Ball

2.10 Überzahlspiel

2.10.1 LTZ 16 Überzahlangriffe

Ein gekonntes Überzahlspiel ist der Erfolg versprechendste Weg, ein Spiel zu gewinnen. Überzahlen entstehen durch geplante, bewusste Positionsangriffe oder durch spontane, intuitive Einzelaktionen. Je variabler Überzahlangriffe gespielt werden, desto unberechenbarer wird man für den Gegner. Überzahlangriffe kennzeichnen sich durch Positionsverhalten einzelner Spieler zu einem bestimmten Ziel hin (Tor). Sie sollten genau und schnell erfolgen. Dabei gilt: Die Ballabgabe ist schneller als die Ballführung.

1. Lernschritt: Überzahl 3:1

Drei Spieler versuchen, gegen einen Verteidiger so schnell wie möglich einen Raum zu überwinden. Dabei sollte der Ballführende meist der mittlere Spieler sein, damit dieser zwei Abspielrichtungen zur Seite besitzt. Der Mittelspieler sollte leicht zurückhängend mitlaufen und mit den anderen ein Dreieck bilden, um somit auch die Tiefe des Raums zu nutzen. Durch schnelles Spiel soll der Verteidiger überspielt werden. Endet der Überzahlangriff mit einem Torschuss, hat der linke Mitspieler die besten Voraussetzungen für einen schnellen, harten Torschuss.

Übung 1

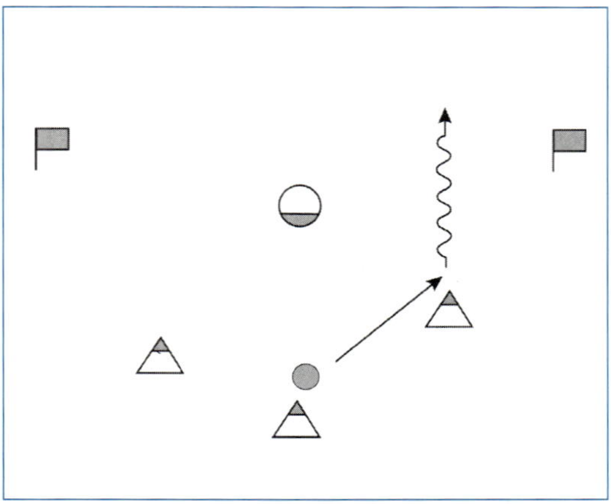

Abb. 95: 3:1 mit Zielrichtung

Drei Angreifer versuchen, sich so anzuspielen, dass einer den Ball über eine 10 m breite Linie führen kann. Der Verteidiger deckt diese Linie ab.

Variation: Es sind pro Spieler nur 2 (1) Ballkontakt(e) erlaubt, um das Abspiel zu beschleunigen.

Übung 2

Wie Übung 1. Der Verteidiger deckt jetzt ein Viereck ab, durch das die Angreifer mit Ball laufen müssen.

2. Lernschritt: Überzahl 2:1

Diese kleinste Überzahl kommt wohl am häufigsten im Spiel vor. Dieses Überzahlverhältnis kann aus nahezu jeder Situation entstehen. Neben allen Kombinationen zu zweit treten hier zusätzlich taktische Komponenten auf, die, wenn sie geplant ausgespielt sind, einen hohen Erfolg versprechen.

Ausgangsposition ist immer, dass zwei Spieler nebeneinander mit dem Ball einen Verteidiger ausspielen. Von der Reichweite her bringen sie den Verteidiger in Zweifel, ob der Ballführende allein weitergehen wird oder zum Partner abspielt.

Abb. 96: 2:1, erster Ballführer, zweiter Mitläufer

Dabei unterscheiden wir drei Arten: (Abb. 96)

- Der linke Spieler führt den Ball und dribbelt oder spielt mit der RH nach rechts ab.
- Der rechte Spieler führt den Ball und dribbelt oder spielt mit der VH nach links ab.
- Der linke Spieler führt den Ball und dribbelt oder spielt den Ball mit der VH nach rechts ab.

In allen Formen gelten folgende Aufgaben für den Ballführenden:

- Frontale Ballführung (bei 3. verschleppte Ballführung hinter dem Körper).
- Genug Geschwindigkeit, um den Ball nicht wieder antreiben zu müssen.
- Begleitendes Stellen der senkrechten Schlägerfläche neben den Ball (bei 1. = RH; 2. = VH; 3. = VH), um ein Abspiel anzudeuten und vorzubereiten (Abb. 97).

Den Verteidiger beobachten und zur Ersthandlung veranlassen.

Entscheidung treffen, ob abspielen oder umspielen. Die Entscheidung hängt vom Verteidigerverhalten ab. Verhindert er das Abspiel, erfolgt das Umspielen, verhindert er das Umspielen, erfolgt das Abspielen.

Bei Abspiel: Quer zur Laufrichtung.

Bei Umspielen: Durch Vorbeilegen oder Seitwärtsumspielen (manchmal genügt es, einfach gerade weiter zu laufen).

Abb. 97: Begleitendes Stellen des Ballführers

Folgende Aufgaben muss der Mitspieler beachten:

- Begleitend und versetzt mitlaufen, um den Ball bei eventuellem Abspiel mit Geschwindigkeit mitzunehmen.
- Schläger am Boden mitführen.
- Schläger nicht zum Stoppen entgegenhalten, sondern zum Mitnehmen.
- Mitnahme mit Dynamik.

Übung 1

Zwei Spieler laufen mit Ball auf einen passiven Gegner zu und spielen ein 2:1.
Variation: Der Mitspieler läuft aus verschiedenen Richtungen in seine Position.

Übung 2

Der Verteidiger deckt eine Linie ab, über die zwei Spieler 2:1 führen.

Übung 3

Der Verteidiger deckt einen Raum ab (Viereck), durch den zwei Spieler 2:1 spielen.

Übung 4

Das 2:1 erfolgt nach einem Zuspiel.

Übung 5

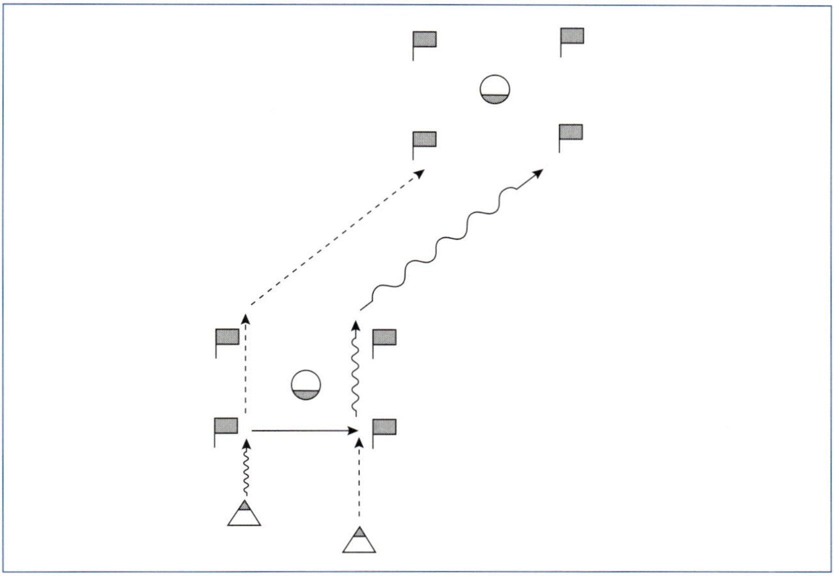

Abb. 98: 2:1 + 2:1 versetzt

Die 2:1-Situation findet zwei Mal hintereinander statt. Zwischen den beiden Räumen ist eine Tabuzone für die Verteidiger, um sich neu zu orientieren.

Variation: Der hintere Raum zum 2:1 ist nach rechts (links) versetzt (Abb. 98).

Zu allen 2:1-Situationen können Voraktionen (Ballannahme) und Nachaktionen (Flanke, Torschuss) trainiert werden.

3. Lernschritt: Überzahl 3:2

Bei einer Überzahl 3:2 sollte der Ballführende auch der mittlere Spieler sein. Diese Situation kann der Ballbesitzer in ein 2:1 auflösen, indem er gegen den rechten Verteidiger oder den linken Verteidiger 2:1 mit den Mitspielern spielt. Um dies erfolgreich zu spielen, führt der Spieler den Ball auf die Nahtstelle der beiden Verteidiger zu und stellt den Schläger entweder nach links (VH) oder nach rechts (RH, VH).

Übung 1

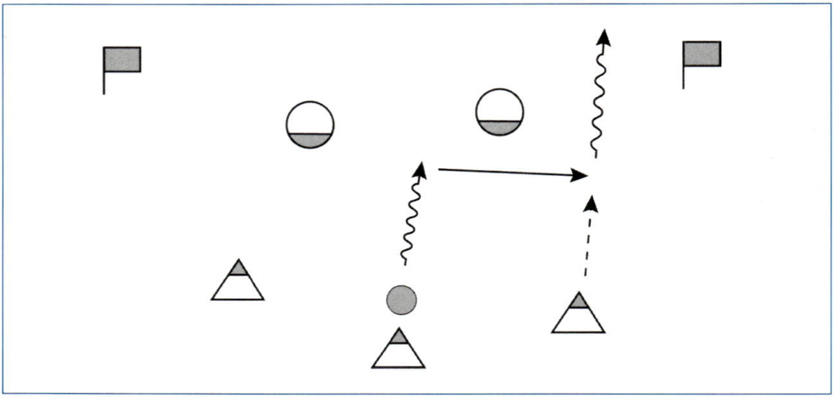

Abb. 99: 3:2 mit Zielrichtung

3:2 über eine Linie (Abb. 99). *Variation:* 3:2 durch einen Raum.

Übung 2

Zuerst findet eine normale 2:1-Situation statt. Der Ballbesitzer spielt danach ein 3:2 mit zwei Mitspielern.

2.11 Standardsituationen

2.11.1 LTZ 17 Strafecke im Hallen-, Kleinfeld- und Feldhockey

Nach Fehlern der verteidigenden Mannschaft soll der angreifenden Mannschaft mit einer Strafecke die entgangene Torschussgelegenheit zurückgegeben werden. Durch die unterschiedlichen Spielfeldräume (9-m-Schusskreis/Halle; 14,63-m-Schusskreis/Kleinfeld- u. Feldhockey) und Regeln zum Spielen des Balls (Handstopp in der Halle erlaubt und im Kleinfeld- und Feldhockey verboten) ergeben sich unterschiedliche Ausführungsformen in den o.g. Zielspielformen. Nachfolgend werden nur die technisch-taktischen Aspekte genannt. Die wichtigsten Regeln zu Ausführung und Abwehr sind:

Angriff:

Bis zum Moment der Ausführung müssen alle Spieler mit Ausnahme des Hereingebers außerhalb des Schusskreises stehen.

2. Der Ball muss vor dem Torschuss von der angreifenden Mannschaft gestoppt werden.

ABWEHR:

3. Die abwehrenden Spieler dürfen erst im Moment der Hereingabe durch die Angreifer ihre Position hinter der Tor- bzw. Grundlinie verlassen.

Genaue Kenntnisse der Regeln zum Hallen-, Kleinfeld- und Feldhockey in der gültigen Fassung sind unbedingt notwendig.

1. Lernschritt: Strafecke im Hallenhockey

a) Strafecke – Standardausführung Angriff

A als Hereingeber schiebt den Ball aus einer tiefen Seitstellung möglichst ohne erkennbaren Ansatz zu B. B stoppt den Ball in tiefer Körperhaltung (Knie gebeugt, Oberkörper möglichst aufrecht) so zum Tor stehend vor dem rechten Fuß, dass mit dem Stoppen durch das Vorsetzen des linken Fußes eine Seitstellung zum Ball (linke Schulter zeigt zum Tor) entsteht. Mit Erreichen der Seitstellung wird sofort aufs Tor geschossen (Abb.100).

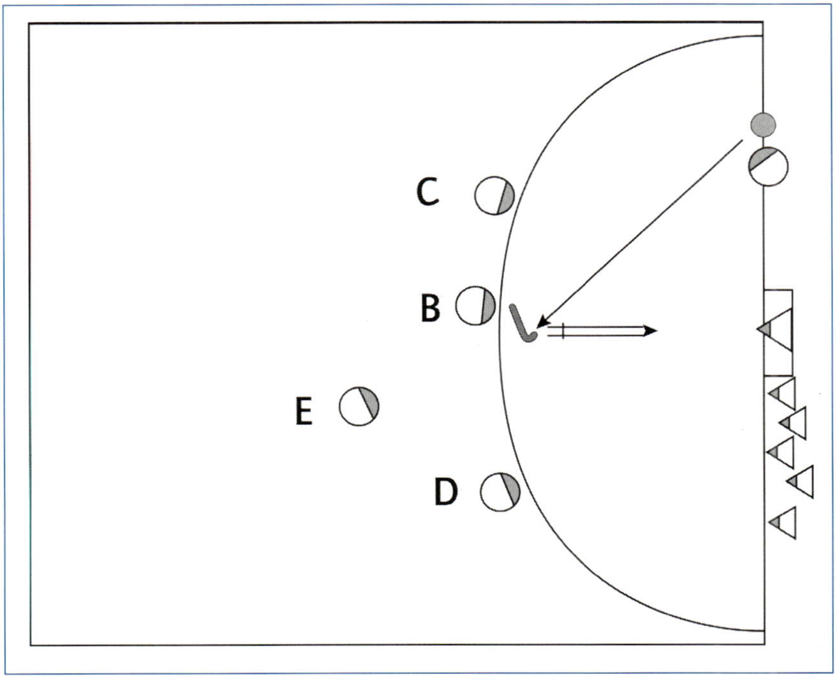

Abb. 100: Strafecke Standardausführung Hallenhockey

b) Strafecke – Ausführung mit tiefem Schlägerstoppen

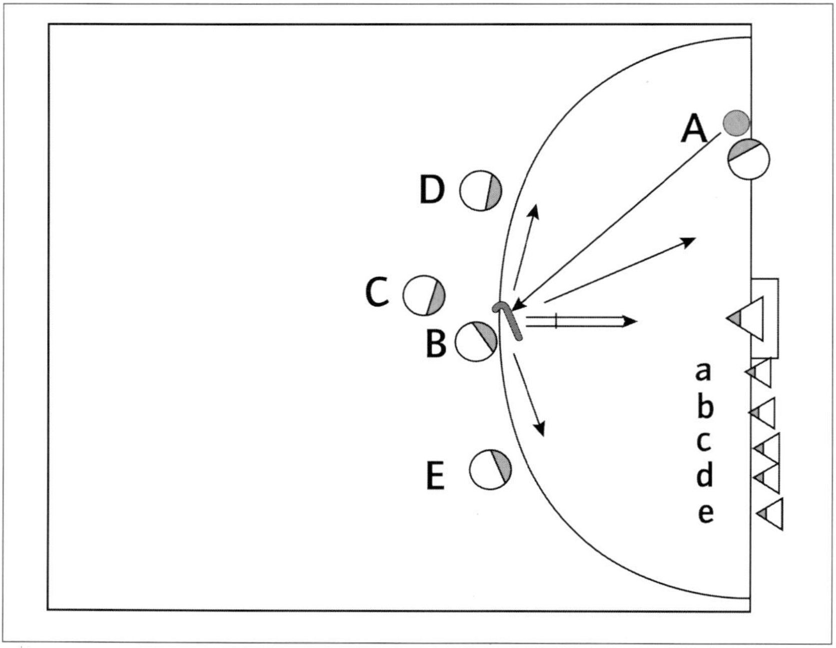

Abb. 101: Strafecke Hallenhockey – Ausführung mit tiefem Schlägerstoppen

A spielt den Ball herein, B stoppt mit tiefem Schläger, und C schießt. Als Variationen sind das Abspiel zu D, das Abspiel zum Hereingeber A und das Abspiel zu E möglich (Abb. 101).

c) Variationen im Angriff (Abb. 100/101)

B (Standardausführung) bzw. C (Ausführung mit tiefem Schlägerstoppen) schießt nicht selbst aufs Tor, sondern spielt den Ball auf C (Standardausführung) oder D (Ausführung mit tiefem Schlägerstoppen) oder zum entgegenlaufenden A ab, die jeweils dann aufs Tor schießen.

d) Abwehr der Strafecke

Gemäß den Hallenhockey-Spielregeln darf sich der Torwart im Tor hinter der Torlinie befinden und müssen sich die fünf Abwehrspieler entgegen der Ausführungsseite der Angreifer neben dem Tor hinter der Grundlinie aufstellen. Die wichtigste Entscheidung bei der Abwehr der Ecke trifft der Torwart, bevor die Abwehr Aufstellung nimmt.

Er kann
1. im Tor bleiben oder
2. dem Schützen entgegen aus dem Tor herauslaufen.

Diese Entscheidung ist unabhängig davon, ob der Gegner zu erkennen gibt, dass er Schläger- bzw. tiefes Schlägerstoppen anwenden will. In jedem Fall muss der Torwart seine Entscheidung den übrigen Spielern mitteilen, ohne dass der Gegner Kenntnis davon erhält. Wichtig ist weiterhin, dass aus der Startaufstellung des Torwarts der Eckenschütze des Gegners keine Schlüsse über das folgende Abwehrverhalten des Torwarts ziehen kann. Oberstes Prinzip bei der Abwehr der Strafecke ist, dem Torwart freie Sicht zu lassen, das heißt, möglichst keine Laufwege von anderen Abwehrspielern zwischen dem Schützen und dem Torwart festzulegen.

Primäre Aufgabe der Abwehrspieler ist, die Angreifer unter Zeitdruck zu setzen und damit einen Torschuss zu verhindern, oder die Angreifer zu unüberlegtem Handeln zu zwingen. Die Aufgabe des Ballabfangens sollte dem durch die Schutzkleidung dafür ausgerüsteten Torwart vorbehalten bleiben.

e) Abwehr der Standardausführung – Torwart im Tor (Abb. 102)

- A startet in Richtung auf B und versucht, diesen am Torschuss zu hindern.

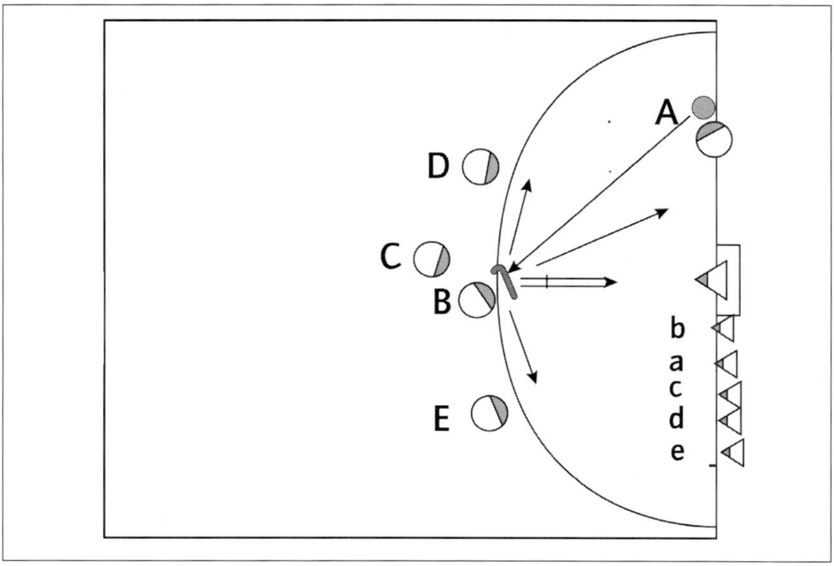

Abb. 102: Abwehr der Standardausführung – Torwart im Tor

- b macht einige Schritte ins lange Toreck, um den Torwart bei der Abwehr zu unterstützen.
- c läuft mit a gleichzeitig aus dem Tor heraus. Schießt B nach dem Stoppen des Balls in Richtung Tor, verbleibt c links neben a (Laufweg 3). Spielt B nach dem Stoppen den Ball an C oder A, hat c die Aufgabe, diese Spieler am Torschuss zu hindern (Laufweg 3a).
- d macht einige Schritte vor die Grundlinie und spielt die am Torwart abgeprallten Bälle aus dem Schusskreis und verhindert einen Torschuss von D nach erfolgtem Abspiel von B zu D.
- e läuft in eine günstige Konterposition.

f) Abwehr der Standardausführung – Torwart läuft heraus (Abb. 103)

Der Torwart läuft heraus und deckt dabei vornehmlich das kurze Toreck. a läuft hinter dem Torwart nach rechts und behindert ein Abspiel von C zu D oder A bzw. hindert D oder A am Torschuss. b stellt sich ins lange Toreck zur Torschussabwehr.

- c startet mit dem Torwart, begleitet ihn und hindert den Schützen insbesondere an Torschüssen ins lange Toreck.
- d macht einige Schritte vor die Grundlinie und spielt die am Torwart abgeprallten Bälle aus dem Schusskreis und verhindert einen Torschuss von E nach erfolgtem Abspiel von B zu E.
- e läuft in eine günstige Konterposition.

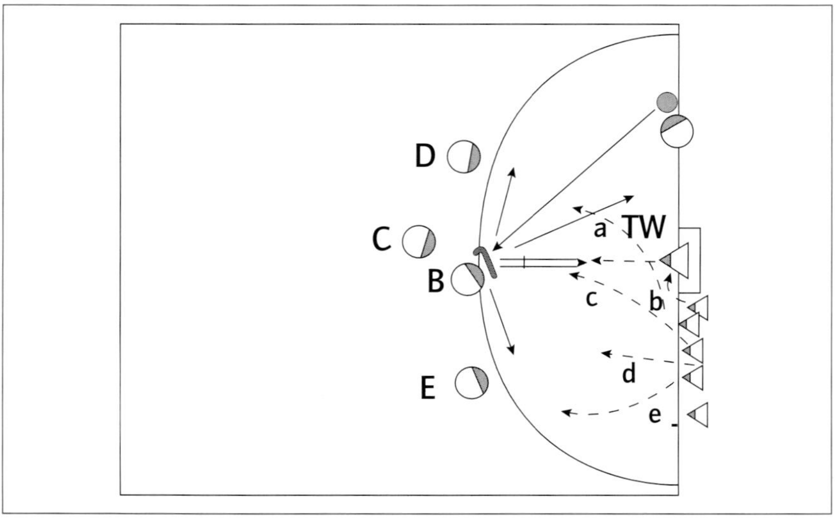

Abb. 103: Abwehr der Standardausführung – Torwart läuft heraus

g) Ausführung der Strafecke von der rechten Angriffsseite (Abb. 104)

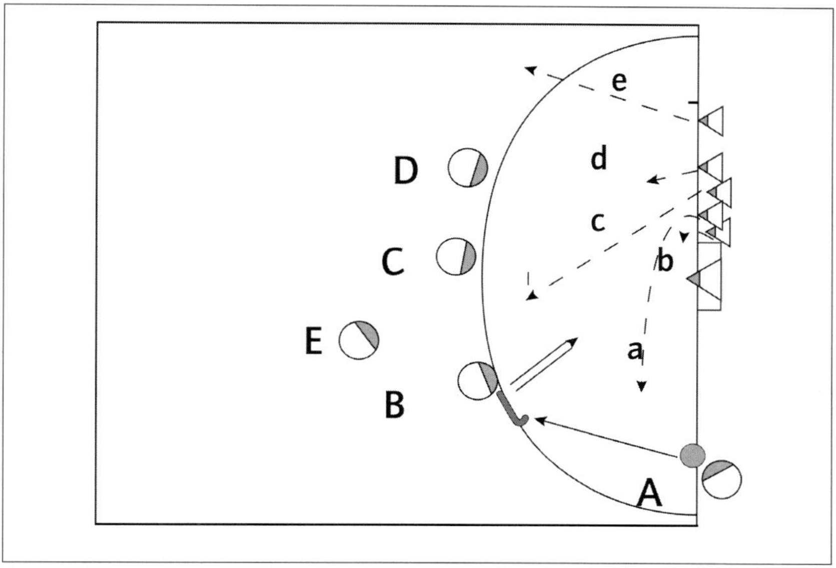

Abb. 104: Strafecke: Angriff und Abwehr der Ausführung von der rechten Angriffsseite

Obwohl die Abwehr dieser Ecken schwieriger ist, da die Abwehrspieler mit der Rückhand stören müssen, wird die Ecke von der rechten Angriffsseite seltener angewendet. Die Nachteile der Ecken von rechts sind die ausschließliche Anwendung des Schlägerstopps und weniger Erfolg versprechende Variationsmöglichkeiten. A spielt den Ball herein, B stoppt mit dem Schläger und schießt oder spielt auf C ab, der dann direkt schießt.

Als Varianten bieten sich folgende Möglichkeiten:

- B spielt auf A zurück, der aus spitzem Winkel aufs Tor schießt.
- A spielt auf C, der stoppt und schießt.

Bei der Entscheidung für eine Eckentaktik sollte eine Mannschaft grundsätzlich mehrere Ausführungsformen trainieren, um variabel die geeignete auswählen zu können. Die Spieler sollten hierbei in der Lage sein, die verschiedenen Positionen einzunehmen.

h) Abwehr der Strafecke von der rechten Angriffsseite (Abb. 104)

Wegen der ungünstigen Störmöglichkeiten der herauslaufenden Abwehrspieler ist hier immer die Abwehr mit dem herauslaufenden Torwart sinnvoll.

- Der TW geht 2-3 m vor das Tor in den Schusswinkel vor B.
- a läuft hinter dem TW mit VH gehaltenem Schläger links an B vorbei.
- b geht auf die Linie.
- c läuft mit RH gehaltenem Schläger rechts an B vorbei, oder versucht, mit VH gehaltenem Schläger mit demselben Laufweg den Pass von B zu C zu verhindern. Gegen sehr schnelle Angriffsausführungen ist es nur möglich, mit RH gehaltenem Schläger rechts an C vorbeizulaufen (in Abb. 104 gezeichnet).
- d macht einige Schritte vor die Grundlinie und spielt die am Torwart abgeprallten Bälle aus dem Schusskreis.

2. Lernschritt: Strafecke im Kleinfeldhockey

a) Strafecke – Standardausführung Angriff (Abb. 105)

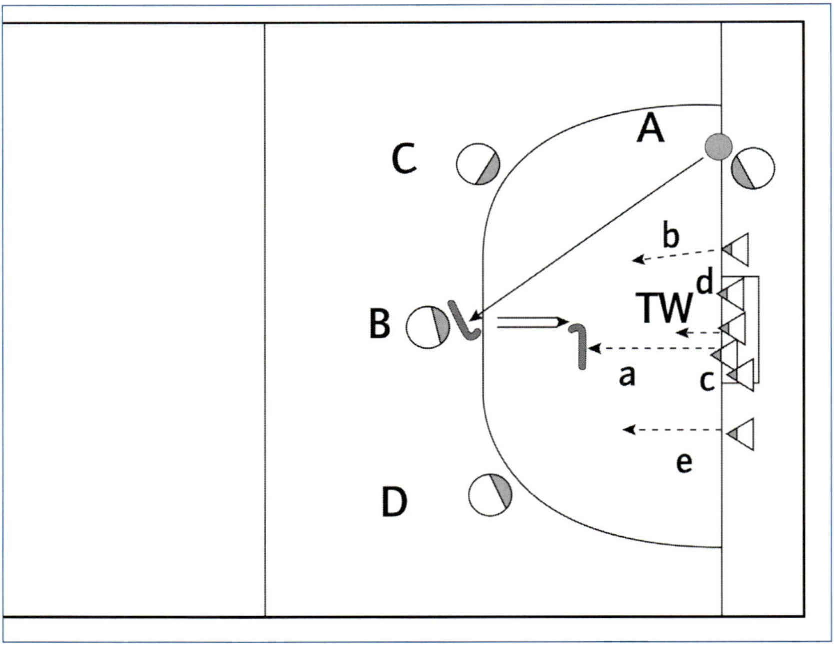

Abb. 105: Strafeckenausführung und -abwehr im Kleinfeldhockey

A spielt (schieben, schlagen) den Ball zu B. B stoppt (Schlägerstopp) den Ball und schießt aufs Tor (genauere Beschreibungen sind im 1. Lernschritt aufgeführt).

b) Variationen

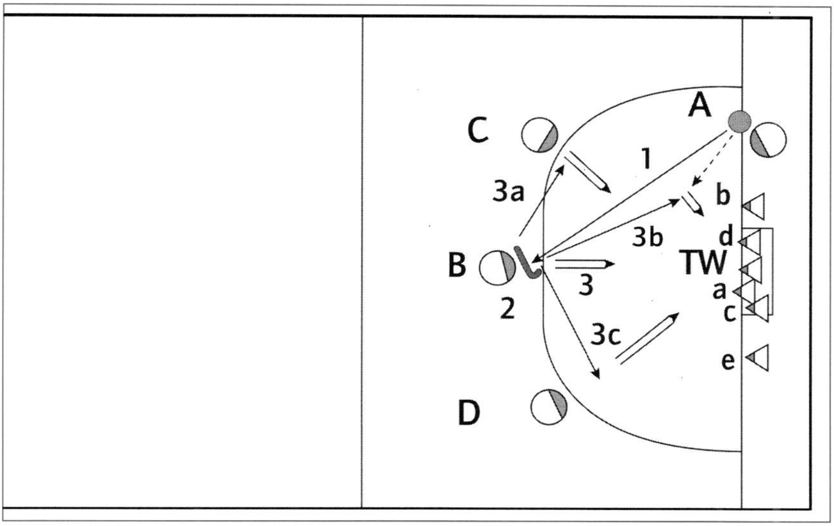

Abb. 106: Strafeckenangriffsvarianten im Kleinfeldhockey

B schießt nicht selbst aufs Tor, sondern spielt den Ball auf C (3a) oder D (3b) oder zum entgegenlaufenden A (3c) ab, die jeweils dann aufs Tor schießen (4a-c).

c) Strafecke Standardausführung Abwehr

Gemäß den Kleinfeldhockey-Spielregeln müssen sich alle fünf Feldspieler und der Torwart bis zur Ausführung (Ballberührung beim Hereingeber) hinter der Grund- bzw. der Torlinie aufhalten.

Im Moment der Eckenausführung verhält sich die abwehrende Mannschaft wie folgt (Abb. 105 s.o.):

- Der Torwart (TW) kommt 2-3 m aus dem Tor.
- a läuft als erste Welle so auf den Schützen zu, dass die Schlägerfläche sich (Schläger seitlich neben dem Körper, nur mit der rechten Hand dicht am Knauf halten) möglichst senkrecht in der Schussrichtung befindet.
- b läuft als zweite Welle mit linkshändig RH gehaltenem Schläger auf den Schützen oder rechtshändig VH gehaltenem Schläger auf den abgespielten Ball zu.
- c sichert die lange Torecke.
- d sichert die kurze Torecke.
- e spielt die vom TW abprallenden Bälle aus dem Schusskreis.

3. Lernschritt: Strafecke im Feldhockey

a) Strafecke – Standardausführung Angriff

Die Standardausführung und die Ausführung der zugehörigen Variationen erfolgt wie im 2. Lernschritt Kleinfeldhockey beschrieben.

b) Strafecke – Ausführung mit speziellem Schlägerstopp (Abb. 107)

Bei genauer Hereingabe und ebenem Boden (Kunstrasen) ist es möglich, mit speziellen Schlägerstopptechniken dem Strafeckenschützen den Ball vorzustoppen. Die Angriffsabläufe bleiben danach erhalten, wie im Lernschritt Kleinfeldhockey beschrieben.

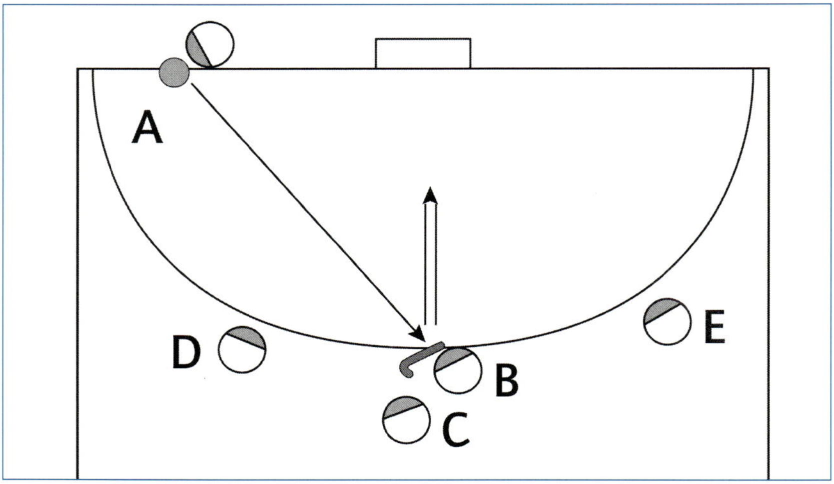

Abb. 107: Strafeckenschlägerstopp

c) Strafecke Standardausführung Abwehr (Abb. 108)

Nach den Feldhockey-Spielregeln dürfen sich nur der TW und vier weitere Spieler hinter der eigenen Tor- bzw. Grundlinie aufhalten.

Im Moment der Eckenausführung verhält sich die abwehrende Mannschaft wie folgt:

- Der Torwart (TW) kommt 2-3 m aus dem Tor.
- a läuft als 1. Welle so auf den Schützen zu, dass die Schlägerfläche sich (Schläger seitlich neben dem Körper, nur mit der rechten Hand dicht am Knauf halten) möglichst senkrecht in der Schussrichtung befindet.

- b läuft als zweite Welle auf den Schützen oder den abgespielten Ball zu.
- c sichert die lange Torecke.
- d läuft von neben dem Tor bis auf Höhe des Torwarts heraus und kann dann entweder dem TW helfen oder den übrigen Abwehrspielern.

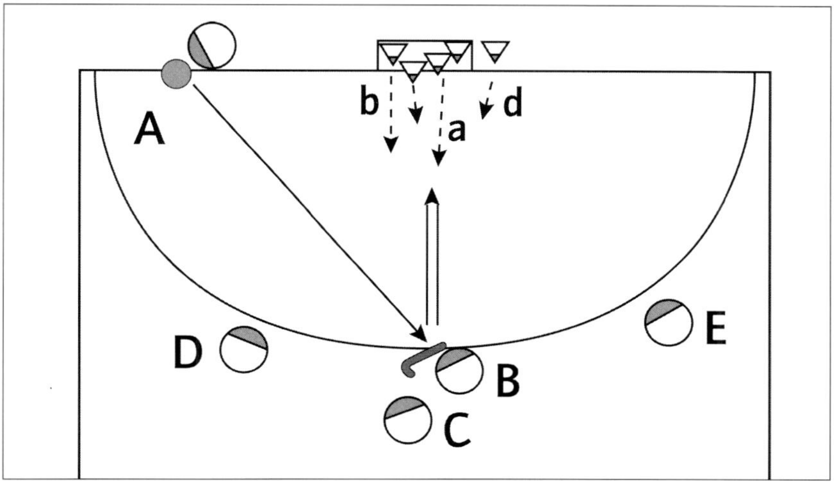

Abb. 108: Strafeckenabwehr im Feldabwehr

2.11.2 LTZ 18 Abschläge nach Grundlinienaus

Abschläge sollen Ausgangspunkt für das Kombinationsspiel innerhalb einer Mannschaft sein. Die Abwehrspieler sowie die Stürmer müssen sich freilaufen und so beim Abschlag die Voraussetzung für ein risikoloses Anspiel schaffen, das der eigenen Mannschaft den Ballbesitz sichert und so erst ein Kombinieren ermöglicht. Grundsätzlich sollte sich der Ausführende eines Abschlags gleichzeitig mit dem Zurechtlegen des Balls über die Stellung seiner Mit- und Gegenspieler orientieren. Anfänger sollten sich deshalb den Ball mit der Hand zurechtlegen, da das Zurechtlegen mit dem Schläger zu viel Aufmerksamkeit erfordert.

Die Anweisung an den Ausführenden sollte lauten:

- Nimm den Ball in die Hand und lege ihn an den Punkt, an dem der Abschlag ausgeführt wird!
- Orientiere dich über die Stellung der Mit- und Gegenspieler!
- Nimm die richtige Stellung zum Ball ein! Nimm Blickkontakt zum Mitspieler auf!
- Führe den Abschlag aus!

Gemäß den Spielregeln müssen die Mitspieler keinen Mindestabstand bei Freischlägen, Einschieben (Schieben/Schlagen) und Abschlägen halten. Die nachfolgend beschriebenen Ausführungsarten lassen sich demzufolge auch mit zwei dicht nebeneinander am Ball stehenden Spielern ausführen. Das Aufstellen zum sehr kurzen Anspielen des Balls durch Spieler A sollte immer so erfolgen, dass Spieler B ungehindert schlagen (nur KF, F), schieben oder eventuell schlenzen (nur F) kann.

1. Lernschritt: Freischiebeball nach Grundlinienaus im Hallenhockey

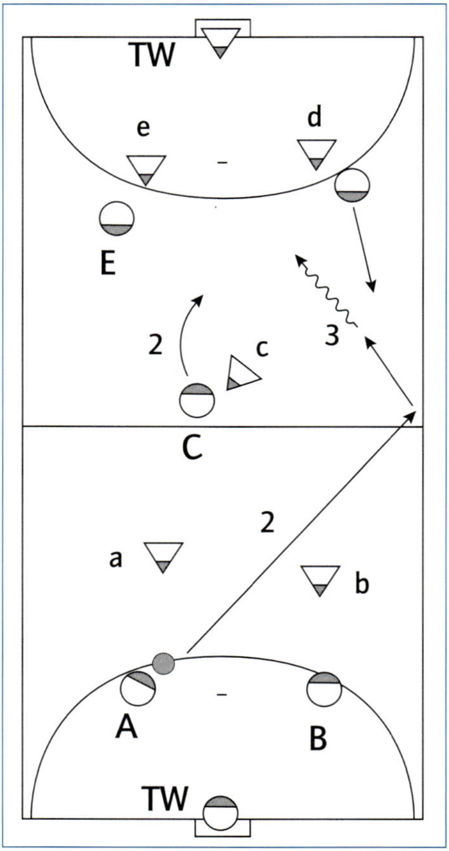

Abb. 109: Freischiebeball direkt zum Stürmer

a) Direkt zum Stürmer

Während der Ball vom linken Verteidiger zurechtgelegt wird, versuchen die Angreifer, sich durch Freilaufaktionen im gegnerischen Schusskreis bzw. in Schusskreisnähe günstige Anspielsituationen zu schaffen. In diesem Moment spielt der Verteidiger den Pass mit oder ohne Hilfe der Bande zum entgegenlaufenden Stürmer. Nach erfolgtem Pass kann durch schnelles Nachsetzen des Mittelspielers bzw. des Verteidigers das Ziel, Einleiten einer Kombination – eventuell Einleiten eines Überzahlangriffs – erreicht werden.

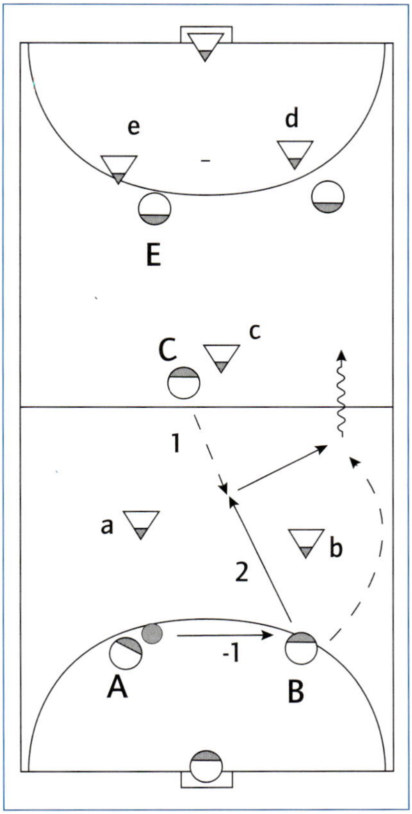

Abb. 110: Freischiebeball mit Mittelspielern und Verteidigern (1)

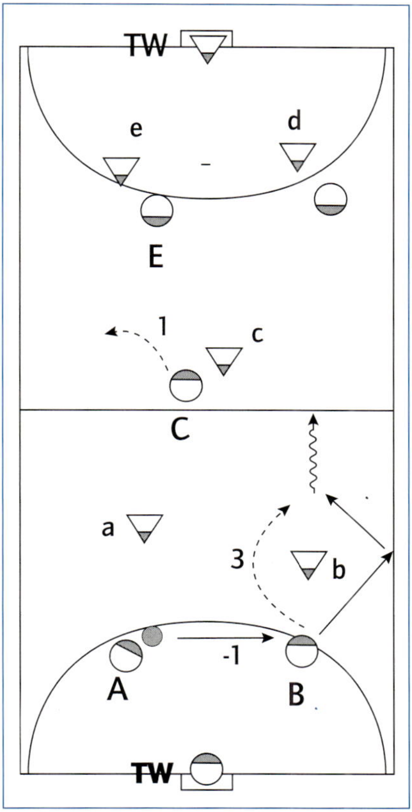

Abb. 111: Freischiebeball mit Mittelspielern und Verteidigern (2)

b) Mit Mittelspielern und Verteidigern

Ausführung 1

In der gezeigten Aufstellung passt A zu B. Gleichzeitig startet C in Richtung eigenes Tor. Mit Doppelpass von B zu C wird die Überzahl erreicht (Abb. 110).

Ausführung 2

C startet auf die B entfernte Seite und öffnet so den Raum hinter b. A passt zu B. B spielt einen Doppelpass mit der rechten Bande und erreicht eine Überzahl (Abb. 111).

2. Lernschritt: Der Abschlag im Kleinfeldhockey

a) Der Abschlag direkt zum Stürmer (Abb. 112)

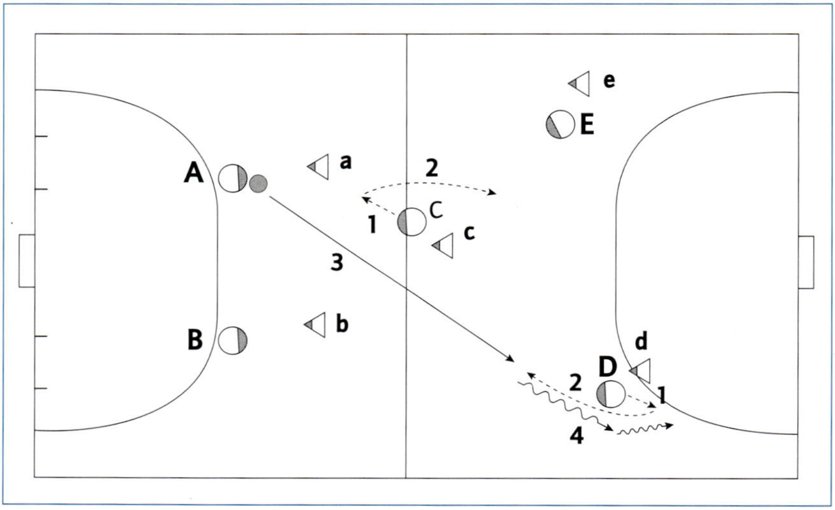

Abb. 112: Abschlag im Kleinfeldhockey

Während der Ball vom linken oder rechten Verteidiger zurechtgelegt wird, versuchen die Angreifer, durch Freilaufaktionen in der gegnerischen Spielfeldhälfte bzw. in Schusskreisnähe günstige Anspielsituationen zu schaffen. In diesem Moment schlägt der Verteidiger den Pass zum entgegenlaufenden Stürmer. Nach erfolgtem Pass kann durch schnelles Nachsetzen des Mittelspielers bzw. des Verteidigers das Ziel, Einleiten einer Kombination – eventuell Einleiten eines Überzahlangriffs – erreicht werden.

b) Abschlagvarianten mit Mittelspielern und Verteidigern

Ist das Anspielen der Stürmer nicht möglich (fehlendes Freilaufverhalten der Stürmer oder gutes Deckungsverhalten der Gegenspieler), d.h., ist allgemein die Chance, den Ball an den Stürmer zu bringen zu gering, so muss der Ball über die Verteidiger ins Spiel gebracht werden, d.h., der Abschlag muss an die Verteidiger gespielt werden.

Nach sehr kurzem Anspiel von einem Verteidiger zu einen weiteren Abwehrspieler oder auch umgekehrt (die Gegner müssen mindestens 4,5 m von den Ausführenden entfernt stehen), hat der Angespielte die Möglichkeit, den Ball sofort zu schlagen/schieben oder eine Kombination mit dem sich, außerhalb der Reichweite des jeweiligen Angreifers, freilaufenden Mitspieler zu beginnen. Der variantenreiche Einsatz von Sofortschlag und Kombinationsbeginn sichert eine hohe Erfolgsquote.

Ausführung 1

Ausführung 1 aus dem Hallenhockey lässt sich ohne Probleme ins Kleinfeldhockey für alle Abschläge aus den Positionen Linksaußen, Halblinks, Mitte und Halbrechts übertragen.

Ausführung 2

Eine weitere Möglichkeit entsteht durch einen Positionswechsel zwischen Rechtsaußen und Mittelspieler, während A zu B passt.

B spielt dann entweder den in die Mitte gewechselten Rechtsaußen an oder besser, weil risikoloser, den nach rechts vorne gewechselten Mittelspieler.

3. Lernschritt: Der Abschlag im Feldhockey

a) Der Abschlag direkt zum Stürmer

Auf Grund der praktizierten Manndeckung der gegnerischen Abwehrspieler und der Raumdeckung der gegnerischen Mittelfeld- und Angriffsspieler sind Abschläge direkt zum Stürmer riskant. Die Stürmer sollten nur dann direkt angespielt werden, wenn sie sich durch Freilaufen vom Gegenspieler gelöst haben oder die Gegenspieler die Mann-/Raumdeckung noch nicht wieder aufgenommen haben. Der Erfolg eines Abschlags direkt zum Stürmer hängt auch von der Unterstützung der übrigen Spieler ab. Die Aufgaben der einzelnen Spieler verteilen sich dabei folgendermaßen:

Der Ausführende = Libero soll durch Anwendung einer Täuschung (schnelle Körperstellungsänderung kurz vor der Schlagausführung) die Gegner überraschen. Die Verteidiger und der Vorstopper müssen die gegnerischen Stürmer so weit wie möglich auseinander ziehen, indem der rechte und linke Außenverteidiger an die Seitenlinie laufen und damit in der Mitte eine Gasse öffnen, durch die der Ball gespielt werden kann. Die Mittelfeldspieler decken so vor, dass sie zwischen ihrem Mitspieler und dem Gegenspieler stehen. Dadurch wird jeder Gegner in seiner Konzentration und Reichweite stark eingeschränkt. Die Stürmer lösen sich durch Freilaufen von ihren Gegenspielern und nehmen den Ball im Entgegenlaufen an.

Übung

Ausführung mit allen Spielern. Nach jeweils drei Abschlägen werden im Uhrzeigersinn die Positionen und damit die Aufgaben gewechselt, z.B. der Rechtsaußen wird zum rechten Mittelfeldspieler, rechter Mittelfeldspieler wird zum rechten Außenverteidiger, rechter Außenverteidiger wird zum Libero = den Abschlag Ausführender.

b) Abschlagvarianten mit Mittelfeldspielern, Verteidigern und Libero

Ist das Anspielen der Stürmer nicht möglich (fehlendes Freilaufverhalten der Stürmer oder gutes Deckungsverhalten der Gegenspieler), d.h., ist allgemein die Chance, den Ball an den Stürmer zu bringen zu gering, so muss der Ball über die Verteidiger ins Spiel gebracht werden, d.h., der Abschlag muss an die Verteidiger gespielt werden. Nach sehr kurzem Anspiel vom einem Verteidiger an den Libero oder auch umgekehrt (die Gegner müssen mindestens 4,5 m von den Ausführenden entfernt stehen), hat der Angespielte die Möglichkeit, den Ball sofort zu schlagen, zu schlenzen oder eine Kombination mit dem sich, außerhalb der Reichweite des jeweiligen Angreifers, freilaufenden Mitspieler zu beginnen. Der variantenreiche Einsatz von Langpassschlag und Kurzpasskombination mit gleichzeitigem In-Positionbringen der weiteren Mitspieler sichert eine hohe Erfolgsquote.

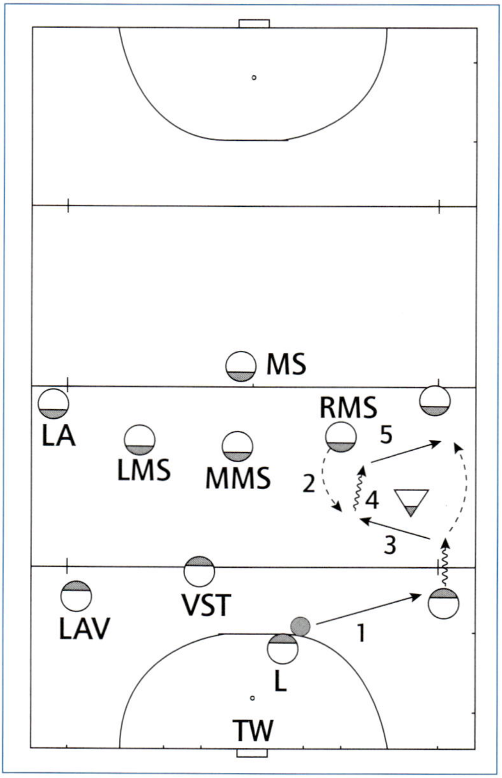

Abb. 113: Abschlag im Feldhockey

Ausführung 1

Die Aufstellung erfolgt wie gezeichnet. Werden die Außenverteidiger von den gegnerischen Stürmern nicht eng gedeckt, müssen die Verteidiger sich zu einem Querpass anbieten und sich nach dem Zuspiel des Liberos sofort entscheiden, einen Angriff einzuleiten oder den Ball sofort zum Libero zurückspielen.

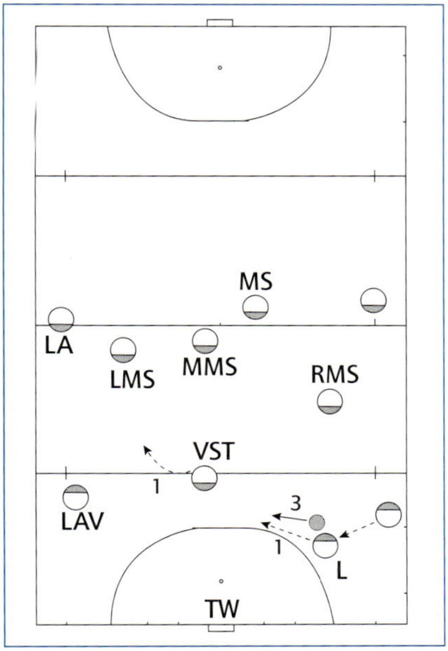

Ausführung 2

Der rechte oder linke Außenverteidiger, je nach Ort des Abschlags, läuft auf den zum Abschlag bereitstehenden Libero zu, der löst sich gleichzeitig einige Meter vom Ball, erhält den Ball vom Verteidiger zugespielt und leitet dann den weiteren Angriff ein.

Abb. 114: Abschlag im Feldhockey mit Verteidigern (1)

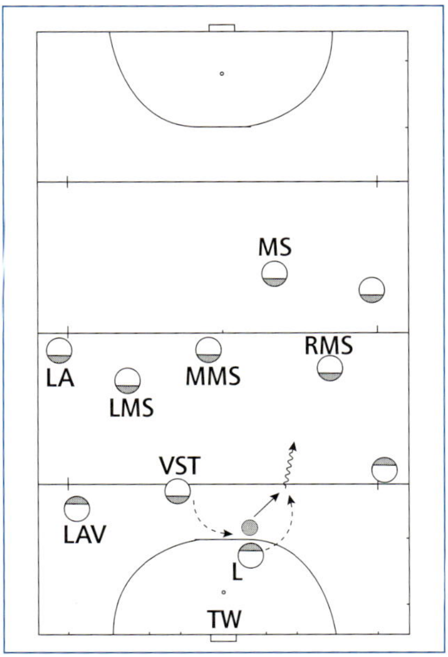

Ausführung 3

Der Vorstopper läuft in Richtung auf das eigene Tor dem Libero entgegen, der startet in Richtung auf das gegnerische Tor und bekommt vom Vorstopper den Ball mit einem temperierten Pass in den Lauf gespielt.

Abb. 115: Abschlag im Feldhockey mit Verteidigern (2)

2.11.3 LTZ 19 Freischlag, Einschieben und Ecke

Bei der Auswahl der Maßnahmen zur Störung bzw. Abwehr des Kombinationsspiels einer gut eingespielten Mannschaft gehen viele Mannschaften nach dem Prinzip vor, auf Kosten eines Freischlags für den Gegner, dessen Kombination zu unterbrechen, und so Zeit für das erneute Formieren der eigenen Abwehr zu haben. Die Konsequenz aus dieser Tatsache kann nur lauten, dass die Freischläge nach einem im Training geübten Plan (eingespielte und abgesprochene Lauf- und Ballwege) ausgeführt werden, der den Ballbesitz für die eigene Mannschaft sichert und damit die Voraussetzung für ein neues Kombinationsspiel schafft. Den Freischlägen am Schusskreisrand kommt besondere Bedeutung zu, da schnell eine Torschussgelegenheit oder eine Strafecke erreicht werden kann.

1. Lernschritt: Freischiebeball (H)/Freischläge (KF/F) im Mittelfeld

Freischiebebälle im Mittelfeld sollten so schnell wie möglich durch den nächststehenden Spieler ausgeführt werden.

Als Erstes soll ein Abspiel zu einem Stürmer geprüft werden, der noch nicht wieder manngedeckt ist oder der sich sofort freigelaufen hat. Ist ein solches Abspiel unmöglich oder zu risikoreich, lassen sich die unter Lernteilziel 18 „Abschläge" dargestellten Ausführungsmöglichkeiten erfolgreich im Mittelfeld zur Anwendung bringen. Für das Feldhockeyspiel ergeben sich wegen des großen Raums zusätzliche Ausführungsarten. Freischläge im Mittelfeld sind eine gute Gelegenheit, den Libero ins Angriffsspiel einzubeziehen. Der Libero löst sich überraschend durch plötzlichen Antritt aus seiner Position ins Mittelfeld und kann, da er keinen direkten Gegenspieler hat, völlig freistehend angespielt werden und danach im Angriff ein zahlenmäßiges Übergewicht schaffen. Um jedoch den Libero zu sichern, sollte beim Vorgehen des Liberos der Vorstopper oder einer der Verteidiger seinen Platz einnehmen.

Übung 1
Erklärung der Laufwege der Spieler und der daraus resultierenden Laufwege des Balls. Üben der verschiedenen Möglichkeiten im Zusammenspiel der Angreifer.

Übung 2
Zusammenspiel der Angreifer gegen die passiven Abwehrspieler.

Übung 3
Die Abwehrspieler verhalten sich aktiv und damit wird sehr spielnah geübt.

2. Lernschritt: Freischiebebälle (H)/Freischläge (KF/F) am Schusskreisrand

Anders als bei den Abschlägen (LTZ 18) und den Freischlägen im Mittelfeld (1. LS) müssen bei Freischlägen, die näher als 4,5 m (Kleinfeld-, Feldhockey) und 3 m (Hallenhockey) zur gegnerischen Schusskreislinie ausgeführt werden, alle Spieler, außer dem Ausführenden, bei der Aufstellung 4,5 m (KF, F) bzw. 3 m (H) Abstand halten. Das Ergebnis dieser Freischläge sollte ein Torschuss oder eine Strafecke sein. Da die meisten Freischläge entstehen, weil die Abwehrspieler auf Kosten eines Fehlers ein Eindringen des Angreifers in den Schusskreis verhindern wollten, muss der nächststehende Spieler sofort prüfen, ob er durch eine schnelle Ausführung des Freischlags einen Mitspieler in eine aussichtsreiche Torschussposition bringen kann. Ist diese Möglichkeit nicht gegeben, sollte die Mannschaft zu den vorgeübten Ausführungen übergehen, in denen jeder einzelne Spieler eine Aufgabe hat. Folgende Ausführungen haben sich mit den spielerzahlbedingten Unterschieden im Hallen-, Kleinfeld- und Feldhockey als erfolgreich erwiesen:

AUSFÜHRUNG 1: (Abb. 116)
Ausführungsort auf der rechten Seite oder mitten vor dem Tor.

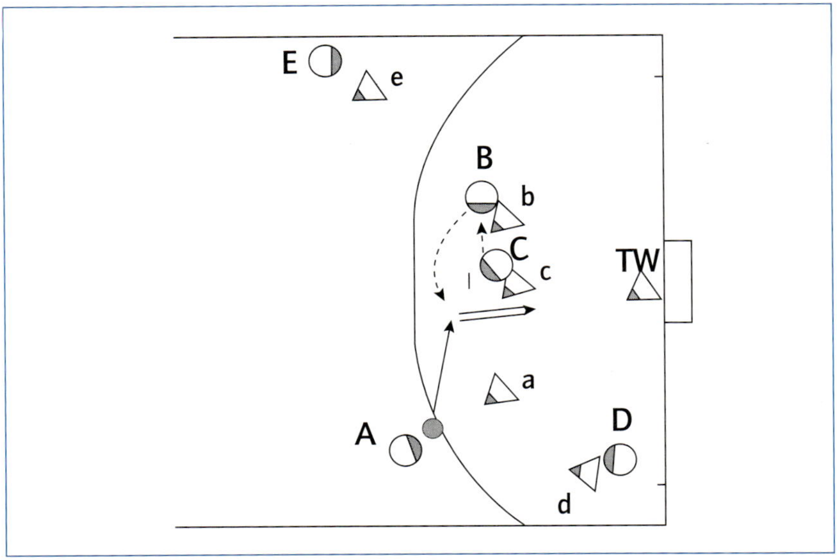

Abb. 116: Freischiebeball am Schusskreisrand im Hallenhockey

Rechts- und Linksaußen gehen so weit wie möglich nach außen und ziehen so ihre Verteidiger mit sich. Spieler B und C stehen nebeneinander am Schusskreisrand im Abstand von einigen Schritten links vom Ausführenden. Die Tatsache, dass bei einer Manndeckung dieser Angreifer die Abwehrspieler dicht hinter diesen beiden stehen, macht sich der weiter links stehende Angreifer B zu Nutze, indem er hinter Angreifer C vorbei in die Mitte läuft und den weich in den Schusskreis gespielten Ball aufs Tor schlägt (Kleinfeld-/Feldhockey) bzw. schiebt oder schlenzt (Hallenhockey). Der manndeckende Verteidiger wird durch Angreifer C und dessen Verteidiger am Nachsetzen gehindert.

Ausführung 2: (Abb. 117)
Diese Ausführungsart ist für beide Seiten anwendbar. Die Beschreibung erfolgt für die linke Seite. Die beiden Außenstürmer ziehen wiederum ihre Verteidiger so weit wie möglich nach außen. Zwei Innenstürmer (MS und MMS) halten sich zwischen Schusskreisrand und 7-m-Punkt auf und ein Angreifer (RMS) steht noch völlig unbeteiligt schräg rechts hinter dem Ausführenden ca. an der Viertellinie.

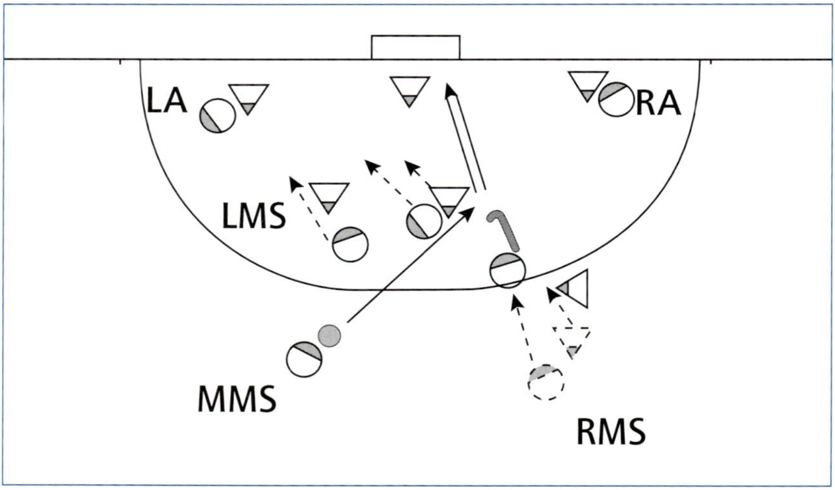

Abb. 117: Freischlag am Schusskreisrand im Feldhockey

Durch plötzlichen Antritt starten die zwei Innenstürmer nach links und öffnen dadurch dem gleichzeitig aufs Tor startenden Angreifer in der Mitte eine Gasse. Der ballannehmende Angreifer erhält ca. in Höhe des Schusskreisrands den Ball, kann entweder sofort aufs Tor schießen oder den Innenstürmern den Ball zum Torschuss ablegen.

ÜBUNG

Die verschiedenen Möglichkeiten sollten, wie schon im 1. Lernschritt beschrieben, geübt werden.

3. Lernschritt: Lange Ecke im Feldhockey

Wird der Ball unabsichtlich durch die Spieler der verteidigenden Mannschaft im eigenen Viertelraum über die Grund-/Torlinie gelenkt, so müssen die Angreifer den Ball von einem Punkt auf der Grundlinie, 4,5 m von der Eckfahne entfernt, mit einem Freischlag ins Spiel bringen.

Die taktische Zielsetzung

- Einen Mitspieler im Schusskreis so anzuspielen, dass er direkt zum Torschuss kommt.
- Einen Mitspieler außerhalb des Schusskreises so anzuspielen, dass er durch ein kurzes Dribbling
  oder einen Doppelpass den Schusskreis und so eine Torschussgelegenheit erreicht.

a) Ecke von rechts (Abb. 118)

Der Ausführende A schlägt den Ball hart an a und g (Libero) vorbei unmittelbar in den Bereich vor den Torwart. Damit der Ball den Bereich unmittelbar vor dem Tor erreicht, muss Spieler B vor Spieler a vordecken, d.h., sich so vor Spieler a stellen, dass diesem Spieler die freie Sicht auf den ausführenden A genommen ist.

Unmittelbar vor dem Tor haben die Spieler C, D und E Gelegenheit, den Ball direkt aufs Tor zu schießen (abzulenken) oder zu stoppen und dann zu schießen.

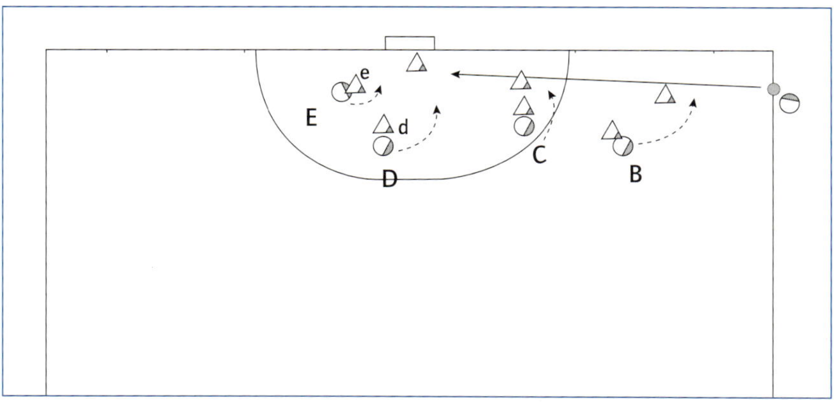

Abb. 118: Ecke von rechts

Die Spieler C, D bewegen sich ständig hin zum Tor bzw. weg vom Tor, um so ihre jeweiligen Gegenspieler zu beschäftigen. Wichtig ist dabei, dass die Angriffsspieler Blickkontakt zum Ausführenden behalten. Sofort mit der Eckenausführung sollten beide Spieler versuchen, in den Ballweg zu laufen. Eventuell ergibt sich auch eine Torschussgelegenheit, wenn die jeweiligen Gegenspieler c, d und e bzw. g versuchen, den hart geschossenen Ball zu stoppen.

Ist ein Pass unmittelbar vor das Tor nicht möglich, spielt A den Ball zu B, der in den Schusskreis dribbelt oder mit einem Doppelpass mit A oder C in den Schusskreis gelangt und auf das Tor schießt. Deckt der Gegner den Raum vor und im Schusskreis der jeweiligen Ausführungsseite sehr gut ab, spielt der Ausführende A den Ball auf den aufrückenden Verteidiger f, um die gegnerischen Abwehrspieler aus ihrem Schusskreisbereich herauszulocken und damit Spielraum für die wieder anspielbar gewordenen Stürmer A, B, C, D, E zu schaffen.

b) Ecke von links (Abb. 119)

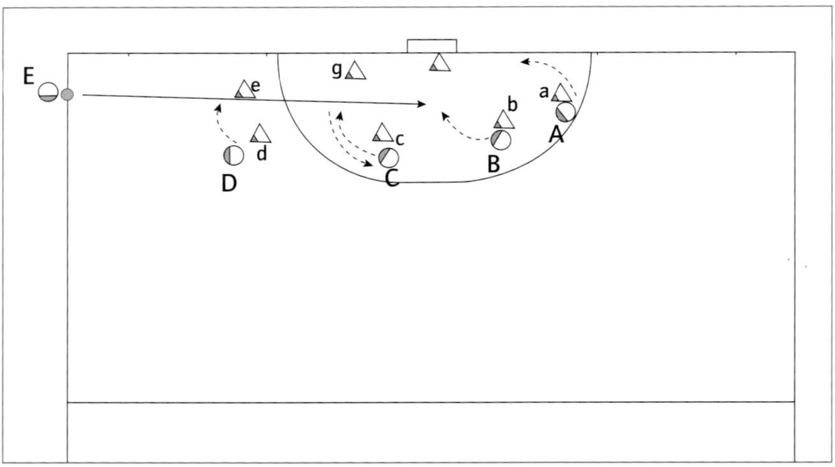

Abb. 119: Ausführung der Ecke von links im Feldhockey

Der ausführende Spieler E schlägt den Ball hart an der Rückhandseite von e und g (Libero) vorbei in den Bereich unmittelbar vor dem Tor. Damit der Ball den Bereich unmittelbar vor dem Tor erreicht, muss der Spieler D vor Spieler e vordecken, d.h., sich so vor Spieler e stellen, dass diesem Spieler die freie Sicht auf den ausführenden E genommen ist.

Die Spieler C, B, A bewegen sich ständig hin zum Tor bzw. weg vom Tor, halten allerdings immer Blickkontakt zum Ausführenden. Im Moment der Ausführung starten sie in den Ballweg hinein, schießen direkt, lenken den Ball ab Richtung Tor oder stoppen den Ball und schieben, schlagen oder schlenzen ihn auf das Tor. Eventuell ergibt sich eine Torschussgelegenheit, wenn die jeweiligen Gegenspieler d, c, a, b versuchen, den mit hoher Geschwindigkeit ankommenden Ball zu stoppen.

Wichtige Faktoren, von denen der Erfolg eines Freischlags, des Einschiebens und der Ecken abhängt:

- Schnelle Ausführung und damit Überraschung der gegnerischen Abwehrspieler.
- Der Ausführende muss die Laufbewegungen der Stürmer beobachten und dementsprechend handeln.
- Die Stürmer müssen dem Ausführenden helfen, indem sie sich sichtbar freilaufen, d.h., oftmals das Tempo wechseln, fintieren usw.

Die Ausführungsart eines Freischlags ist abhängig von der Deckungsart des Gegners. Eine Mannschaft sollte sich nicht scheuen, gegen eine defensiv spielende Mannschaft den Ball über die aufrückenden Verteidiger zu spielen, um die gegnerischen Abwehrspieler aus ihrem Schusskreis herauszulocken und damit Spielraum für die Stürmer zu schaffen.

Die Spieler sollten sich nicht nur stur an das Vorgeübte halten, sondern immer davon ausgehen, dass sich ständig neue Möglichkeiten bieten, die auch genützt werden sollten, wenn die Chancen zum Erfolg annähernd so groß sind wie bei den erprobten Möglichkeiten.

Zeichenerklärung

	Laufweg mit Ball
	Laufweg ohne Ball
	Ballweg
	Torschuss
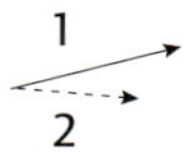	Reihenfolge von Handlungen
	Symbol Angriffsspieler
	Symbol Abwehrspieler
	Fahnenstange, Markierungskegel
TW	Torwart
L	Libero, Innenverteidiger defensiv
VST	Vorstopper, Innenverteidiger offensiv
RAV	Rechter Außenverteidiger
LAV	Linker Außenverteidiger
RMS	Rechter Mittelfeldspieler
MMS	Mittlerer Mittelfeldspieler
LMS	Linker Mittelfeldspieler
RA	Rechter Außenstürmer
MS	Mittelstürmer
LA	Linker Außenstürmer

Literaturverzeichnis

Bücher

BARTENBACH, K. / SCHMIDT, G.: Hockey, Grund- und Aufbaukurs. Schorndorf 1980.

DEUTSCHER HOCKEYBUND: Spielordnung. Sindelfingen 2001.

DEUTSCHER HOCKEYBUND: Hockeyregeln – Hallenhockey. Sindelfingen 2001.

DEUTSCHER HOCKEYBUND: Hockeyregeln – Feldhockey. Sindelfingen 2001.

DEUTSCHER HOCKEYBUND: Hockey macht Schule – Informationen für Lehrerinnen und Lehrer. Hürth (DHB) 1995.

HILLMANN, W./KEIMER, U.: Spielgemäße Einführung des Mini-Hockey. Köln (DHB) 1994 (3. Aufl.).

HILLMANN, W./PETERS, B./ZEUCHNER, S.: Kinderhockeytraining – Arbeitsmappe für die Trainingspraxis. Köln (DHB) 1994.

HILLMANN, W.: Hockey Sporthek. Münster 2000.

MARX, J. / WAGNER, G.: Hockeytraining. Spielgemäße Einführung. Aachen 2000.

NAGEL, V./WULKOP, M.: Techniktraining im Hockey. Ahrensburg 1992.

SCHEUER, W.: Hockey. Stuttgart 1982.

WHITAKER, D.: Der Hockey Workshop. Sindelfingen 1997.

ZIMMERMANN, H. J.: Hockey Regel-Fibel. Hamburg 1999. 16. Aufl.

Zeitschriften

DEUTSCHE HOCKEY-ZEITUNG: Sport-Verlag, Postfach 260, 71044 Sindelfingen (Amtliches Organ des DHB, erscheint wöchentlich).

HockeyTraining: Sport-Verlag, Postfach 260, 71044 Sindelfingen (Selbstständige Zeitschrift und Beilage zur DHZ, erscheint 10 x jährlich).

Videos

DHB
Hockey ein Kinderspiel. Hürth (DHB) 1990. (mit Begleitheft).

DHB
Torhütertraining. Hürth (DHB) 1998.

DHB
Jugendhockey – Dynamik und Spielwitz. Hürth (DHB) 1997.

DHB
Hockey. Technik und Taktik. Arbeitshilfen für Trainer. Hürth (DHB) 1999.

FIH/DHB
World Hockey Highlights 1999.

FIH/DHB
World Hockey Highlights 1998.

FIH/DHB
World Hockey Highlights 1997.

FIH/DHB
World Hockey Highlights 1996.

FIH/DHB
World Hockey Highlights 1995.

FIH/DHB
World Hockey Highlights 1994.

Veröffentlichungen in Zeitschriften und Büchern

COLLMANN, K. / ZOGLOWEK, H.: Hallen-Hockey. Ein Spielkurs für die Schule. In: DIETRICH, K. (Hrsg.) Sportspiele. Reinbek 1985.

DIETRICH, J.: Spielen lehren – Spiele lernen. In: Sportpädagogik (1979) 5, 21-32.

DEUTSCHER SPORTBUND (Hrsg.): Hockey. In: 10 Spiele – 100 Variationen. Frankfurt 1982.

FUNKE, J.; SCHEFFEL, H./WITTEBORG, J.: Gelegenheiten zum gemeinsamen Planen. In: Sportpädagogik 6 (1982) 5, 40-45.

FUNKE, J.: Spielen mit richtigen Hockeyschlägern. In: Sportpädagogik 7 (1983) 4, 33-35.

FURRER, H.: Krummholzball. In: Sportpädagogik 6 (1982) 6, 52-55.

GROEN-DEUS, G.: Holzhockey – eine Spielidee für Schüler ab Klasse 7. In: Sportunterricht 36 (1987) 12. Beilage Lehrhilfen, Sportunterricht 37 (1988) 1. Beilage Lehrhilfen.

GROTH, K./KUHLMANN, D.: Integrative Sportspielvermittlung in Theorie und Praxis. In: Sportunterricht 38 (1989) 10.

HATESAUL, H.: Einführung in das Hallenhockeyspiel. Eine Unterrichtskonzeption unter besonderer Berücksichtigung der Verhältnisse an Berufsschulen. In: Sportunterricht 30 (1981) 4. Beilage Lehrhilfen.

HILLMANN, W. u.a.: Untersuchungen zur anaerob-laktaziden Belastung im Hallenhockeytraining und -spiel. In: HECK, H. et al. (Hrsg.): Sport: Leistung und Gesundheit. Köln (Deutscher Ärzte-Verlag) 1983, 638-590.

HILLMANN, W./KEIMER, U.: Mini-Hockey. Ein Spielkurs. In: DIETRICH, K. (Hrsg.): Sportspiele. Reinbek 1985.

HILLMANN, W./KEIMER, U.: Spielgemäß Hockey unterrichten. Teil I – Spielgemäß Mini-Hockey unterrichten. In: Betrifft Sport 5/87-7.

HILLMANN, W./KEIMER, U.: Spielgemäß Hockey unterrichten. Teil II – Spielgemäßes Unterrichten vom Mini-Hockey zum schulspezifischen Hallenhockey. In: Betrifft Sport 12/87-7.

HILLMANN, W./KEIMER, U.: Spielgemäß Hockey unterrichten. Teil III-Spielgemäßes Unterrichten vom Mini-Hockey zum schulspezifischen Kleinfeldhockey. In: Betrifft Sport 9/88-7.

HILLMANN, W./LEDWIG, D./SCHREIBER, D.: Mehr Sicherheit beim Hockey. In: Landesinstitut für Schule und Weiterbildung und die Träger der gesetzlichen Schülerunfallversicherung im Lande Nordrhein-Westfalen (Hrsg.): mehr Sicherheit im Schulsport. Teil II: Ergänzungshandreichung – Sportbereich Spiele. (Reihe: Handreichungen für den Schulsport). Soest 1989.

KLEITER, K.: Trainings-Tipps. In: Deutsche Hockey-Zeitung 32 (1979) bis 35 (1982).

KOLLATH, E./HILLMANN, W./SOMMER, D.: Bewegungsanalyse zur Schlagtechnik im Hockey. In: DHZ 42 (1989) 26.

KRETSCHMER, J.: Spielen mit Hockeyschlägern - Vom Hockeyspiel zum Minigolf. In: OTTO, G./SCHULZ, W. (Hrsg.): Sport und Bewegungsunterricht 1-4. Reihe Praxis und Theorie des Unterrichts. München – Wien – Baltimore 1981.

PETERS, B.: Training für Kinder. In: Deutsche Hockey-Zeitung 39 (1986) 39-41, 40 (1987) 1-11.

REMDE, F.: Hallenhockey - ein riskanter Spielspass. In: Sportpädagogik 12 (1988) 5, 28+37-39.

SCHILLING-DEIWICK, M.: Einführung in das Sportspiel Hockey in einem 6. Schuljahr. In: KOCHE, K. (Hrsg.): Lehrproben, Lehreinheiten, Übungseinheiten. 1981. 222-250.

SCHÖWE, R./HILLMANN, W./KEIMER, U.: Hockey in der Berufsschule. In: Sportunterricht 36 (1987) 2. Beilage Lehrhilfen.

SCHUERMANN, D.: Möglichkeiten der breitensportfreundlichen Gestaltung des Spiel- und Wettkampfsystems im Hockey. In: Deutsche Hockeyzeitung 42 (1989) 18ff.

SCHÜTTE, J.: Vom Rollbahnspiel zum Hockey – Ein methodisches Experiment. In: Sportunterricht: 22 (1973) 4. Beilage Lehrhilfen.

ZIMMERMANN, H. J.: Spielreihe Hallenhockey. In: ALBERTI H. & ROTHENBERG, L. (Hg.): Spielreihen in der Spielschulung. Schorndorf 1981.